Berlins heimliche Sehenswürdigkeiten

WORT- & BILD-SPECIALS
Hans Peter Heinicke
1000 Berlin 45

REIHE
DER BUCHZWILLING
NR. 2

Umschlag:
Reinhard Fuchs, 1000 Berlin 51 und 45

ISBN 3-926578-20-3

Für | B-DM 2211 |

Gedruckt auf säurefreiem
(alterungsbeständigem) Papier.

BERLINS HEIMLICHE SEHENSWÜRDIGKEITEN — das sind die Wirkungsstätten, Werke oder Gräber großer Berlinerinnen und Berliner. Sie waren oder sind Abenteurer, Adlige, Bildhauer, Erfinder, Fernsehstars, Filmlieblinge, Forscher, Hellseher, Kabarettisten, Literaten, Magiere, Maler, Mediziner, Modemacher, Politiker, Reiche, Spione, Tänzer, Theologen, Theaterprotagonisten und Zirkusmatadore.

Sie domizilieren respektive domizilierten in Armeleutebehausungen, Laubenidyllen, Bürgerwohnungen, Luxusetagen, Villen und Palästen.

Ebenfalls zu den heimlichen Sehenswürdigkeiten Berlins gehören das Millionen von Nazidokumenten beherbergende Landhaus am Stadtwald, die Kreuzberger Graffiti-Kultur, der Entstehungsort des Weltschlagers „Lili Marleen", die Pferdegräber des Prinzen Karl, die Selbstmordmaschine und der Zirkusdynastien-Friedhof.

Beim Namen genannt sind das: Anastasia (Großfürstin von Rußland und Zarentochter), Manfred von Ardenne, Berlin Document Center, „Atze" Brauner, Marie von Bunsen, Paula Busch, Hedwig Courths-Mahler, Marlene Dietrich, Christoph Freiherr von Drécoll, Hans Fallada, Werner Forssmann, Peter Frankenfeld, Bernhard Grzimek, Tatjana Gsovsky, „Dr." Walter Günther, Gustav Hartmann, Katharina Heinroth, Hans Helmcke, Peter Hille, Hannah Höch, Paul Hörbiger, Christopher Isherwood, Ursula Kardos, Jochen Klepper, Hildegard Knef, Käthe Kollwitz, Käthe Kruse, Ilse Kubaschewski, Else Lasker-Schüler, Max Liebermann, Otto Lilienthal, Rosa Luxemburg, Mata Hari, Ulrike Marie Meinhof, Adolf Miethe, Arthur Nebe, Wolfgang Neuss, Martin Niemöller, Paul Nipkow, Erich Maria Remarque, Annemarie Renger, Therese Renz, Gebrüder Sass, Ferdinand Sauerbruch, August Scherl, Kitty Schmidt, Friedrich Schröder-Sonnenstern, Renée Sintenis, Kaiserin Soraya, Richard Sorge, B. Traven, Christine Freifrau von Trümbach, Wilhelm Voigt, Otto Witte und Elke Wuhlert.

HANS PETER HEINICKE

Anastasia, Tiergarten, Bendlerbrücke

Die sehr junge Frau, die am Abend des 18. Februar 1920 von der Bendlerbrücke in den Landwehrkanal sprang, konnte von dem Streife gehenden Revierpolizisten gerettet werden. Bei der Lebensmüden handelte es sich um die jüngste Tochter des letzten Zaren, Anastasia. Sie, die Großfürstin von Rußland, hatte als einziges Mitglied der Romanow-Familie das in die Geschichte als Jekaterinburger Blutnacht eingegangene Massaker vom 16. auf den 17. Juli 1918 überlebt. Besinnungslos und schwer verletzt, vom Mordkommando für tot gehalten, war sie von einem Wachsoldaten, der Tschaikowski hieß, heimlich aus dem Keller des Ipatew-Hauses gebracht worden. Er hatte sie gesund gepflegt, sich mit der Kaiserlichen Hoheit nach Rumänien durchgeschlagen und dort die inzwischen von ihm schwanger Gewordene geheiratet. In Bukarest wurde Anastasia fast gleichzeitig Mutter und Witwe. Tschaikowski starb hier im Kugelhagel einstiger Genossen aus Sibirien, als er ihnen zufällig auf der Straße begegnete. Hierauf floh Anastasia in Todesangst — begleitet von ihrem Schwager — unter Zurücklassung des Babys nach Berlin. Als sie hier im Großstadtgetümmel ihren Begleiter verlor, sprang die ohne Geld und Papiere Dastehende ins Wasser. Sie hat dann noch sechs Jahrzehnte gelebt und bis zuletzt vergeblich um ihre Anerkennung als Großfürstin von Rußland gekämpft, mit der die Herausgabe des gigantischen Zarenvermögens verbunden war.

Manfred von Ardenne, Lichterfelde-Ost, Jungfernstieg 19

Der Erwerber des Großgrundstücks am Jungfernstieg mußte an jenem 2. Januar 1928 den Kaufvertrag von seinem Vater unterschreiben lassen. Denn nach dem damaligen Gesetz war Manfred von Ardenne noch nicht volljährig. Das am 20. Januar 1907 geborene Sonntagskind hatte das beträchtliche Kaufgeld und den Betrag für die in der geräumigen Villa vorzunehmenden Laboreinbauten selbst verdient. Der minderjährige Physiker und Forscher war 16, als er sein erstes Patent anmeldete, debütierte mit 17 als Fachbuchautor und konnte an seinem 18. Geburtstag bereits auf mehrere erfolgreich abgeschlossene, hochhonorierte Forschungsaufträge zurückblicken. Ardennes von über hundert Patenten gekrönte Lichterfelder Ära beendeten die Eroberer Berlins im Mai 1945. Sie verfrachteten den Wissenschaftler samt seines in bombensicheren Bunkern (s. o. Bild) über den Krieg geretteten Laborinventars in den Kaukasus. Erst Anfang der fünfziger Jahre wurde ihm die Rückkehr nach Deutschland, exakt in die DDR, gestattet. Hier ist Manfred von Ardenne noch heute (Mitte Januar 1989), 82jährig, der Stargelehrte Ostdeutschlands. Darüber hinaus ist er der Enkel der Effi Briest. Für Theodor Fontane war die Ehetragödie von Ardennes Großmutter, der Baronin Elisabeth, Vorlage für seinen in die Weltliteratur eingegangenen Roman „Effi Briest“.

Berlin Document Center, Zehlendorf, Wasserkäfersteig 1

Bis zur Eroberung Berlins, im Mai 1945, befand sich in dem Landhaus am Waldrand, dessen Grundstück ein Stacheldrahtzaun umgibt und das bewaffnete amerikanische Soldaten bewachen, die „Gestapo-Telephonabhör-Dienststelle". Hier zapfte man Tausende von Fernsprechanschlüssen politisch Verdächtiger an, protokollierte die Gespräche und archivierte sie. Die Amerikaner brachten dann dort das BERLIN DOCUMENT CENTER unter, eine einmalige Institution, die sie seit 1967 erfolglos der Bundesrepublik Deutschland übereignen möchten. Den Bonnern ist nach wie vor der Kern dieser NS-Dokumentensammlung zu brisant. Denn der besteht aus 10 700 000 Originalkarteikarten der NSDAP-Mitglieder, die gleich nach Kriegsende in letzter Minute vor der Vernichtung einer Münchener Papiermühle entrissen werden konnten, sämtlichen Personalakten der SA und SS, dem Aktenfundus des „Volksgerichtshofes" und der „Reichskulturkammer". Darüber hinaus Hitlers Parteibuch und Personalausweis. Zutritt gewähren die Amerikaner, von Ausnahmen abgesehen, keinem. Auskünfte erteilen Sie nur den Behörden der Bundesrepublik Deutschland und den Regierungen, die mit den USA im freundschaftlichen Verhältnis stehen. Anfang der achtziger Jahre wurden dem Berlin Document Center über 100 000 Unterlagen gestohlen, die dann auf dem internationalen Antiquariatsmarkt auftauchten. Die Diebe entdeckte man unter dem Personal des Wasserkäfersteighauses.

Arthur („Atze") Brauner, Spandau, Verlängerte Daumstr. 16

Ihm gehört Deutschlands Hollywood, das er zu einer Zeit bauen ließ, als kein zweiter Unternehmer in Berlin investierte. Brauners „CCC"-Ateliers entstanden während der Blockade Berlins auf dem Gelände der einstigen Spandauer Giftgasfabrik. Diesen Wagemut haben die Berliner honoriert. Sie verliehen dem aus Polen stammenden Juden und ehemaligen KZ-Häftling den Spitznamen „Atze", worauf der zum Branchenführer Aufgestiegene noch heute stolz ist. „Atze" Brauner, der über 200 Kinostücke produziert hat, an vielen Koproduktionen beteiligt war und unzählige Fernsehauftragsproduktionen durchgeführt hat, ist unterdessen auch ein Großimmobilienbesitzer geworden. Dem arbeitswütigen Kaufmann, der zeitweise in seiner Spandauer Filmstadt 500 festangestellte Mitarbeiter und einige Dutzend Stars leitete, gehören in Deutschland und der Schweiz Wohnhäuser, Büropaläste, Hotels und Ferienkolonien. Von Beginn an führt Arthur Brauner sein Imperium ohne Management und seit dem Bezug der von seiner Frau im feinen Bezirksteil Grunewald erbauten Villa (Koenigsallee 18) auch ohne Bürohaus, also von daheim aus. Außer der „CCC" (Central Cinema Company) gehört ihm noch die „Alfa-Film GmbH & Co Audio KG". Der seit 1947 glücklich Verheiratete (zwei Töchter, zwei Söhne) hat 1976 seine Erinnerungen unter dem Titel „Mich gibt's nur einmal" herausgebracht.

Marie von Bunsen, Tiergarten, Löwenbrücke

Den Parkbesuchern fiel die Neunjährige, die Seite an Seite mit einem gleichaltrigen Knaben auf den Bronzefiguren der Löwenbrücke des öfteren ritt, auf, weil sie dabei die bessere Figur machte. Das blieb so in den Leben beider, die Mariechen und Willi gerufen wurden. Sie, das war Marie von Bunsen, gezeugt auf dem Barockschlößchen Burg Rheindorf bei Bonn, wo ihr Großvater als Gesandter Preußens amtierte, geboren dann am 17. Januar 1860 in London. Er, das war Deutschlands späterer Kaiser Wilhelm II. Spielgefährten wurden sie auf Befehl der Prinzessin Charlotte, Wilhelms Mutter, die das Töchterchen Marie des Landtagsabgeordneten von Bunsen regelmäßig ins Berliner Palais zum Spielen mit ihren Kindern kommandierte. Marie von Bunsen war von frühester Kindheit an eine starke Persönlichkeit. Bereits mit drei Jahren konnte das einer 13köpfigen Familie angehörende Mädchen lesen. Sein Haar trug es, entgegen dem Brauch, der geflochtene Zöpfe vorschrieb, stets offen. An Maries kleinen Beinchen erblickten die Berliner auch winters nur kurze Söckchen. Marie von Bunsen war in ihrem langen Dasein Hofdame bei der Kaiserin Auguste Viktoria, die engste Vertraute der Königin Sylvia von Rumänien, in der Weimarer Zeit aktives Mitglied der Deutschen Demokratischen Partei, Weltreisende per Hausboot mit Diener und Zofe, brillante, vielgelesene Schriftstellerin und anerkannte Malerin.

Paula Busch, Charlottenburg, Lyckallee 14

Paul hinterließ Paulchen 1927 das damals führende Zirkusunternehmen Deutschlands. Das Imperium des Zirkusdirektors Paul Busch bestand aus dem palastartigen weißen Stammhaus am Bahnhof Börse, den in Hamburg und Wien aufwendig gebauten Busch-Zirkussen und dem aus der Konkursmasse des Renzkonzerns gekauften Breslauer Zirkus. Paulchen — so hatte der Vater Paula Busch stets genannt — blieb nichts von diesem hochwertigen Immobilienbesitz. Die mit bombastischen Bauplänen befaßten Nazis enteigneten 1937 die junge Zirkusdirektorin in Berlin. Ihr Hamburger Haus fiel bei einem Bombenangriff 1943 in Schutt und Asche. Wien ging anschließend verlustig, und aus Breslau mußte sie flüchten, als die Stadt zur Festung erklärt wurde. Ungebrochen errichtete Paula Busch gleich nach dem Krieg im Berliner Zoo einen Holzbau, der nach kurzer Spielzeit durch die Luft flog, als man den Zoobunker sprengte. Nun zog sie bis 1962 mit ihrem Reisezirkus durch die Lande, der dann in dem „Doppelzirkus Roland-Busch“ aufging. Nach 35jähriger Direktorenschaft, die in die schwerste Zeit der Zirkusgeschichte fiel, widmete sich die mit dem Großen Verdienstkreuz Ausgezeichnete bis an ihr Lebensende, 1973, ihrem zweiten Metier, der Schriftstellerei. Im Arbeitszimmer der Grunewaldvilla entstanden Romane und Tiergeschichten aus dem Zirkusmilieu, die sich großer Beliebtheit erfreuten.

Hedwig Courths-Mahler, Charlottenburg, Knesebeckstr. 12

In fast 50 Millionen Exemplaren sind ihre 207 Liebesromane, die Titel wie „Verschmäht“, „Die schöne Unbekannte“ oder „Rote Rosen“ tragen, bis jetzt erschienen. Ein Ende dieses Auflagenrekords — Hedwig Courths-Mahler ist die meistgedruckte und meistverfilmte deutschsprachige Autorin — zeichnet sich nicht ab. Viele ihrer Bücher verfaßte sie in der 190 m^2 großen Beletagenwohnung der Knesebeckstraße, wo Maler, Schriftsteller und Schauspieler ein und aus gingen. Richtig hieß sie Ernestine, Hedwig nannte sie sich seit frühester Kindheit nach ihrem Idol, einer Wanderzirkus-Kunstreiterin. Ernestine-Hedwig erwarb sich das Rüstzeug fürs Metier vierzehnjährig, da bekleidete sie die Stellung einer Vorleserin. Ihre Arbeitgeberin war eine alte Dame, deren Bibliothek ausschließlich Marlitt-Romane und genealogische Adelshandbücher enthielt. Fräulein Mahler war 17 und nun Lehrling in einer Weißwarenhandlung, als ihr nach Ladenschluß geschriebener Romanerstling erschien. Diesem Schmöker folgten nun — die naive Skribentin hatte sich vertraglich an einen Kolportageverleger gebunden — pausenlos neue Titel. Erst durch ihre Heirat mit dem Dekorateur Courths endete der sklavenähnliche Verlagskontrakt. Sieben Jahre später, als ihre beiden Töchter schulpflichtig wurden, griff sie erneut zur Feder und erreichte ihr Ziel: ein Millionenpublikum und ein siebenstelliges Vermögen.

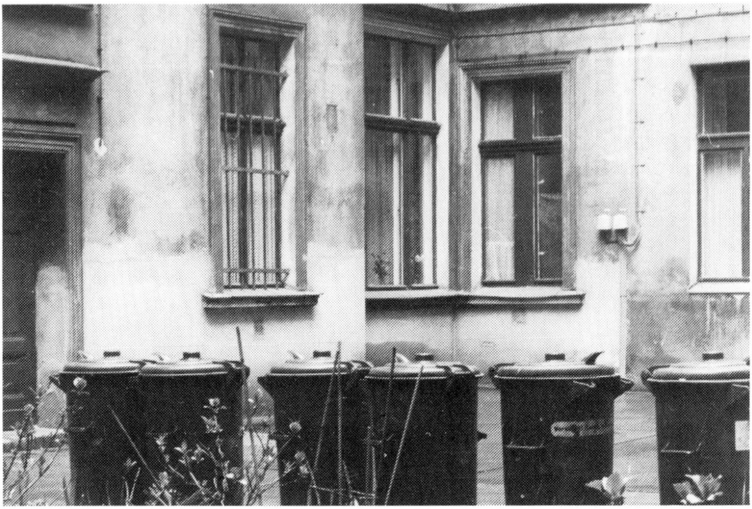

Marlene Dietrich, Schöneberg, Leberstraße 65

Seit sechs Jahrzehnten wird sie in ihrer besten Rolle, der der Berlinerin als Weltbürgerin, allseits bewundert. Als die Dietrich noch bei den richtigen Vornamen, Maria Magdalena, gerufen wurde, hieß die Leberstraße, wo sie in der Mietskaserne Nummer 65 zur Welt kam, Sedanstraße. Sie, die Tochter eines Polizeioffiziers, wäre gern, hätten das nicht ihre zu zarten Handsehnen vereitelt, Violinistin geworden. So landete sie beim Theater, und jahrelang wies nichts darauf hin, daß Marlene Dietrich zum Film-, Gesangs- und Kabarettweltstar aufsteigen würde. Sie selbst beurteilte das eigene Talent gering; dem Hollywoodregisseur Josef von Sternberg, der mit ihr Ende der zwanziger Jahre in Deutschland den zum Filmklassiker gewordenen Streifen „Der blaue Engel“ drehte, riet sie ernsthaft, die ihr übertragene Hauptrolle („Lola Lola“) mit einer begabteren Darstellerin zu besetzen. Selbstlos und engagiert zu Kollegen, Bekannten und Freunden (z. B. Erich Maria Remarque, Ernest Hemingway, Maurice Chevalier, Jean Cocteau, Jean Gabin, Edith Piaf und Hildegard Knef) blieb die Dietrich trotz der Flut von Auszeichnungen und Höchstgagen. 1979 entzückte sie von Paris aus, ihrem Altersruhesitz, unzählige Leser mit dem blitzgescheiten Memoirenband „Nehmt nur mein Leben . . .“. Das Lili-Marleen-Lied verdankt ihr seine internationale Bekanntheit.

Christoph Freiherr von Drécoll, Tiergarten, Budapester Str. 9

Seinen Ruhm errang er nicht mit dem Degen — Drécoll war, bevor er der Couturier des Hochadels wurde, k. u. k. Leutnant —, sondern mit der Nadel. Die führte er für Europas Fürstinnen, Königinnen und Kaiserinnen (Kronprinzessin Cäcilie ließ nur Drécolls Moderat gelten, Kaiserin Elisabeth hielt es ebenso, und der Herzog von Meiningen, für dessen renommiertes Theater Drécoll die Kostüme schuf, erhob ihn in den Freiherrenstand). 1911 verlegte der Modezar sein Wiener Stammhaus nach Berlin und eröffnete gleichzeitig Filialen in Paris und New York. Nun, auf der Höhe des Ruhmes, ließ er seine Kollektionen in eigens hierfür geschriebenen Theaterstücken vorführen — teurer und nobler ging's nicht. Doch so ungewöhnlich ausgabenfreudig der Freiherr fürs Geschäft und wohltätige Zwecke jeder Art war, der Privatmann Drécoll lebte sehr bescheiden. Branchenbedingt ging dann in der Inflation sein Luxusunternehmen bankrott. Hernach mangelte es dem in die Jahre Gekommenen an der Kraft für einen Neubeginn. Als 80jährigen nahmen die Bodelschwinghschen Anstalten Hoffnungstal den völlig Verarmten in der Altenabteilung auf. Als er an seinem 88. Geburtstag beerdigt wurde, fielen bei der Trauerfeier viele höchst elegant gekleidete Mädchen auf. Es handelte sich um Insassinnen des Bodelschwinghschen Waisenhauses, denen der Couturier aus Altkleidern echte Drécoll-Modelle handgenäht hatte.

Hans Fallada, Tiergarten, Calvinstraße 15 A

Das ältere Ehepaar, in dessen nahe dem Bahnhof Bellevue gelegene Wohnung 1929 Rudolf Ditzen mit seiner schwangeren Frau zur Untermiete zog (zwei möblierte Zimmer mit Küchenbenutzung), wußte nichts über die Vergangenheit seines Hausgenossen: Der in Greifswald geborene (21. 7. 1893) und im kaiserlichen Berlin aufgewachsene Sohn eines Landgerichtsrates hatte als 18jähriger seinen zwei Jahre jüngeren Freund erschossen. Dafür kam Ditzen unter Zubilligung des § 51 in eine geschlossene Anstalt, wo er rauschgiftsüchtig wurde. Nach der Entlassung absolvierte er eine Landwirtschaftslehre und avancierte zum hochbezahlten Kartoffelanbauspezialisten, der dem Alkohol verfiel. Mit 25 Jahren legte er sich das Pseudonym Hans Fallada zu und schrieb seinen ersten Roman, der keinen Erfolg hatte. Er kehrte bitter enttäuscht zur Landwirtschaft zurück, unterschlug Kassengelder und landete im Gefängnis. Nach Verbüßung seiner Haftstrafe fristete er sein Dasein als Adressenschreiber, Nachtwächter und Anzeigenvertreter einer Provinzzeitung, für die er gelegentlich Reportagen schreiben durfte. Rudolf Ditzens Berliner Zimmervermieterpaar blieb auch seine Gegenwart unbekannt. Erst nachdem er ins eigene Haus umgezogen war, erfuhren sie, daß bei ihnen während der Nacht- und Abendstunden — tagsüber war Fallada beim Rowohlt-Verlag fest angestellt — der Erfolgsroman „Bauern, Bonzen und Bomben" entstanden war.

Werner Forssmann, Tiergarten, Holsteiner Ufer 20

„Mit solchen Kunststückchen habilitiert man sich an einem Zirkus, aber nicht an einer anständigen deutschen Klinik!" Dies brüllend, quittierte der „Titan" Sauerbruch den Selbstversuch seines jungen Kollegen Forssmann und feuerte ihn. Der hatte sich eine Sonde durch die Ellenbogenvene bis in die rechte Herzkammer geschoben und somit die Herzkatheterisierung erfunden. Sauerbruchs heftige und falsche Reaktion setzte der Karriere des mutigen jungen Forschers ein jähes Ende. Zehn Jahre später hatte Dr. Forssmann das ihm angetane Unrecht endlich überwunden. Er arbeitete als Oberarzt am Berliner Robert-Koch-Krankenhaus und genoß die dienstfreien Sommerabende auf dem Balkon mit Spreeblick, der das Besondere seiner Tiergartener Hochparterrewohnung war. Den Zweiten Weltkrieg mußte der Urologe und Chirurg in seinem Beruf mitmachen. In den Nachkriegswirren verschlug es ihn in den Schwarzwald, wo er begeistert eine Landpraxis betrieb und zeitweilig auch das Vieh seiner Patienten kurierte. Hier erreichte ihn die Kunde, daß die amerikanischen Ärzte André Courand und Dickinson W. Richards unterdessen seine Erfindung weiterentwickelt und zur weltweiten Anwendung gebracht hatten. Mit ihnen zusammen erhielt Dr. Werner Forssmann 1956 aus den Händen König Gustav Adolfs von Schweden den Nobelpreis.

Peter Frankenfeld, Friedrichshain, Bödikerstraße 33

Des deutschen Fernsehens Superstar kam aus der Arbeitergegend Berlins. Der am 31. Mai 1913 im Osten der Stadt geborene Sohn eines Mechanikers war dem Gymnasium mit einem Wanderzirkus davongelaufen. „Vatern“ hatte ihn zurückgeholt und in eine Malerlehre gesteckt, die der Durchgeher ebenso schmiß wie die hierauf folgenden Anstellungen als Page des Nobelhotels Adlon, Grafiker und Schaufensterdekorateur. Das Kunststudium bei Professor Jaeckel schien zu Peter Frankenfelds Berufsfindung geführt zu haben. Als frischgebackener Kunstmaler verkaufte er auf Anhieb drei Bilder, veranstaltete mit den Einnahmen ein großes Atelierfest, auf dem Frankenfeld als hochtalentierter Entertainer brillierte. Der sich unter den Eingeladenen befindende Kabarettist und Nachwuchsförderer Willi Schaeffers engagierte ihn sogleich ans „Kabarett der Komiker“. Krieg und Gefangenschaft unterbrachen Peter Frankenfelds so verheißungsvoll begonnene Karriere für zehn Jahre. 1948 wurde er, der als erster Quizsendungen im Rundfunk durchführte, berühmt. 1952 wechselte er beim Start des deutschen Fernsehens zu diesem Medium über und wurde dessen erster und größter Star („1:0 für Sie“, „toi, toi, toi!“, „Vergißmeinnicht“, „Musik ist Trumpf“). Der am 4. Januar 1979 Gestorbene ist der Erfinder der Fernsehlotterie „Ein Platz an der Sonne“ und der größten Hilfsaktion für behinderte Kinder, „Aktion Sorgenkind“.

Graffiti, allbezirklich

Bis zum Erscheinen von *Berlins heimlichen Sehenswürdigkeiten* zusammen mit *Berlins unheimlichen Sehenswürdigkeiten* ist sämtlichen Reiseführern entgangen, daß Berlin weltweit die Graffitistadt Nummer eins ist. Graffiti, vom Duden Wandkritzeleien und von der Subkultur Volkskunst genannt — eins ist so untertrieben, wie das andere übertreibt —, verdanken ihre hiesige Quantität dem Vorhandensein der Berliner Mauer. Deren rund 100 000-Quadratmeter-Fläche auf der Westseite darf straffrei graffitisiert werden. Was darüber hinaus an anderen Stellen, sprich Hausfassaden, Fahrstuhlkabinen, Bahnen und Bussen, was natürlich dem Verbot unterliegt, gesprayt, mit Pinsel und Farbe oder in Höhlenmalermanier eingeritzt wird, ist zugestandenermaßen nicht besser als in Zürich, London oder New York. Die tabulos agierenden Graffiteure verewigen ihre Meinungsäußerungen in Bild und Wort. Unter den Zeichnungen befinden sich einige wenige, die Kunst genannt werden dürfen. Bei den Texten überwiegen schrille, aggressive Kundgebungen. Auf viele tausend Graffiti kommt jeweils ein witziges à la *Wir bleiben unserem Motto treu, lesbisch, schön und arbeitsscheu!* (an der Tormauer des Jahn-Parks in der Hasenheide) oder *Gott sieht alles, nur nicht Dallas!* (an der Fassade des Hochbahnhofs Schlesisches Tor).

Bernhard Grzimek, Wilmersdorf, Sodener Straße 10

Ein Gorilla steigt in den Bus der Linie 8. Alle Sitzplätze sind besetzt. Er postiert sich vor einem jüngeren Fahrgast mit Fensterplatz und will wissen: „Kennen Sie Professor Grzimek?" Auf die ja lautende Antwort fordert der Menschenaffe: „Ein Platz für Tiere!" „Ein Platz für Tiere" war drei Jahrzehnte lang eine TV-Serie, die hohe Einschaltquoten verbuchen konnte. Produziert und präsentiert hat sie Prof. Dr. Bernhard Grzimek, der bekannteste Tier- und Naturschützer der Welt, Zeitschriftenherausgeber („Das Tier"), Bestsellerautor („Grzimeks Tierleben", das Nachfolgewerk von „Brehms Tierleben"), Dokumentarfilmer (oscarausgezeichnet für „Serengeti darf nicht sterben!") und Zoodirektor in Frankfurt a. M. Sein Weg hatte in Berlin begonnen. Damals, 1928, setzte hier der knapp 19jährige Oberschlesier das in Leipzig begonnene Studium fort. Er erwirkte zwei Jahre vor der gesetzlichen Frist seine Volljährigkeit. Ohne die hätte Grzimek nicht die Gewerbegenehmigung zum Betreiben einer Hühnerfarm in Erkner bei Berlin erlangt. Und aus dem Gewinn der Hühnerfarm finanzierte er seine Veterinärausbildung. Grzimek promovierte 1932 und eröffnete im Bezirk Zehlendorf eine Tierarztpraxis. Die ihm bald hierauf angebotene Anstellung im Beamtenverhältnis des Ernährungsministeriums nahm er an und bezog eine Wohnung im gutbürgerlichen Wilmersdorf.

Tatjana Gsovsky, Charlottenburg, Kurfürstendamm 50 A

„Nicht partout neu, sondern partout gut sollte sein, was man macht!“ bleute Tatjana Gsovsky ihren unzähligen Schülern ein. Sie, die Tochter eines russischen Generals, hatte in Sankt Petersburg, dem heutigen Leningrad, das klassische Ballett studiert. Die am 18. März 1902 Geborene wurde mit 23 Jahren Berlinerin und war ab 1928, als sie nach einem schweren Unfall die Tänzerinnenlaufbahn aufgeben mußte, über ein halbes Jahrhundert lang Tanzpädagogin, Choreographin und Ballettmeisterin. Tatjana Gsovsky hat große Talente wie Gisela Deege und Gerd Reinholm herangebildet, klassische und moderne Werke mit Riesenerfolgen herausgebracht und nacheinander den beiden Opernhäusern Berlins (Ost und West) als Ballettmeisterin und Choreographin höchste Geltung verschafft. Mit ihrer Truppe, dem „Berliner Ballett“, hat sie lange Jahre die Welt bereist und begeistert. Sie wurde 1955 ordentliches Mitglied der Akademie der Künste von Berlin, den Kritikerpreis hatte man ihr zwei Jahre zuvor überreicht. Im Jahr dazwischen, 1954, wurde die Gsovsky mit dem Berliner Kunstpreis geehrt. Die Bundesrepublik Deutschland verlieh 1969 der großen Künstlerin, der Berlin zu einem beachtlichen Teil seinen Ruf als Stadt des Tanzes verdankt, das Bundesverdienstkreuz der Ersten Klasse.

Walter Günther, Neukölln, Mariendorfer Weg 48

Im Frühjahr 1965 war Dr. Walter Günther, der Berliner Arzt aus Leidenschaft, stadtbekannt. Im Herbst desselben Jahres kannte den 49jährigen die ganze Nation. Da wurde der mit der Berliner Sängerin Erika Brüning verheiratete, als Chef gleich dreier hiesiger Kliniken amtierende, international angesehene Spezialist für Altersheilkunde, fleißige Autor etlicher Fachzeitschriften und außerdem noch Mitglied des Berliner Abgeordnetenhauses „der falsche Chefarzt von Berlin" genannt. Günther war kein Kunstfehler unterlaufen — so etwas ist ihm nie passiert. Das Bekanntwerden seines wirklichen Alters, 42, führte zur Entlarvung. Da er seit 1945 praktizierte, konnte er kein Studium absolviert haben. Günther gab auch zu, nie eine Universität von innen gesehen zu haben. Der Erzgebirgler war von der Schulbank weg HJ-Führer und anschließend SS-Mann geworden. Gleich nach dem Krieg griffen ihn die Tschechen auf und verurteilten den Schwerbehinderten (beidseitig fußamputiert) zu 25 Jahren Straflager. Als der Lagerarzt, dem Günther Handlangerdienst zu leisten hatte, krankheitshalber ausschied, ernannte der Lagerkommandant den 22jährigen Helfer zum neuen „Doktor". Der praktizierte, das Lehrbuch stets unterm Arm geklemmt habend, so erfolgreich, daß man ihn 1946 begnadigte und nach Deutschland entließ. Die Bescheinigung über seine Lagerarzttätigkeit hatte Günther die Fortsetzung seiner erfolgreichen Medizinerlaufbahn ermöglicht.

Gustav Hartmann, Wannsee, Alsenstraße 11

„Der eiserne Gustav“ wurde von der französischen und deutschen Presse enthusiastisch gefeiert, Hans Fallada hat ihn zu einem seiner Romanhelden gemacht, zwei Spielfilme und eine Fernsehserie gibt es über Gustav Hartmann. Dieser Berliner Droschkenkutscher besaß in Wannsee einen schmucken Fuhrhof mit sechs Pferden, etlichen Kutschen, Landauern, Kremsern und Möbelwagen. Er startete am 23. April 1928, als die Verdrängung des Pferdes durch das Automobil vollzogen war, „Die letzte Fahrt der Pferdedroschke 120 von Berlin nach Paris und retour“ (Wortlaut des am Fahrzeug angebrachten Plakats). Alle Städte, die der greise, in Frack und Zylinder gekleidete Fuhrherr durchquerte, bereiteten ihm einen triumphalen Empfang. An seinem 69. Geburtstag, dem 4. Juni 1928, erreichte er Paris, wo die Wellen der Begeisterung haushoch schlugen. Der deutsche Botschafter begrüßte ihn, die Mistinguette lud ihn ins „Moulin Rouge“ ein, ein Regen von Orden ging auf den „eisernen Gustav“ hernieder. Nicht minder spektakulär gestaltete sich seine Heimkehr am 12. September 1928. Hunderttausend Berliner säumten die Straßen. Auf die Idee zu dieser Fahrt war Hartmann 1927 gekommen, als ihm am Droschkenhalteplatz Bahnhof Wannsee die junge Französin Rachel Deronge begegnete, die zu Pferd von Paris nach Bukarest unterwegs war.

Katharina Heinroth, Tiergarten, Händelallee 7

Vor ihren Augen zersplitterte das Glas des Berliner Aquariums, dessen Direktor ihr Mann, der berühmte Ornithologe Dr. med Oskar Heinroth, war. Sie wurde ohnmächtige Zeugin, wie in einer Bombennacht 8000 Fische, Reptilien und Insekten, der gesamte Tierbestand ihrer und ihres Mannes Wirkungsstätte, verendeten. So nahm das Zerstörungsdrama des Berliner Zoos während des Zweiten Weltkrieges seinen Anfang. Dr. Katharina Heinroth erlebte dann, wie die Büffelstallungen in Flammen aufgingen, die Vogel- und Wirtschaftshäuser niederbrannten, das Feuer die Flußpferdanlage vernichtete, Luftminen die Behausungen der Elefanten und Raubtiere zerstörten. Nur 91 der 12 000 Zootiere überlebten den Krieg, von den wenigen stehengebliebenen Gebäuden war nicht eines unbeschädigt. Gerade erst verwitwet, trat Frau Dr. Katharina Heinroth nach der Kapitulation die Zoodirektion an. Ihr glückte, wofür sich kein Mann gefunden hatte: der Wiederaufbau des einst artenreichsten Tiergartens der Welt trotz Futtermangels, Materialknappheit und Geldnot. Als sie am 31. Dezember 1956 in den Ruhestand trat, übernahm ihr Nachfolger eine Institution, die wieder Rang und Namen hatte. Seither arbeitet Dr. Katharina Heinroth im 33. Jahr wissenschaftlich weiter, sommers auf ihrem Bauernhof bei Göttingen, winters im hiesigen Hansaviertel-Domizil.

Hans Helmcke, Wilmersdorf, Xantener Straße 4

Die starke Verbrennungen aufweisende Leiche des strangulierten Berliner Bordellkönigs Hans Helmcke wurde im August 1973 nahe einem norddeutschen Autobahnrastplatz gefunden. Nach seiner 1959 erfolgten Rückkehr aus den USA hatte der im Alter von 56 Jahren Ermordete mit seinem in Berlin aufgezogenen Puff- und Zockerimperium das gehalten, was die Touristenwerbung des Senats versprach: „Eine ordentliche Portion Reeperbahn, ein Hauch von Place Pigalle, Schwabing und Soho". Die Firmenzentrale des gelernten Cuxhavener Lebensmittelhändlers befand sich in der Xantener Straße und war als „Hotel Nobel — Café Chérie — Spielclub Nobel" ausgeschildert. Boß Helmcke, der sich nur mit einer Zigarre im Mundwinkel und zwei Leibwächtern zur Seite der Öffentlichkeit zeigte, hatte aus Amerika, wo er Tellerwäscher, Taxifahrer und Privatdetektiv gewesen war, ein siebenstelliges Betriebskapital mitgebracht. Es handelte sich um ererbtes Geld, das ihm zwei New Yorker Schwestern, gebürtige Cuxhavenerinnen, hinterlassen hatten, bei denen er den großen, lieben Jungen markiert hatte. Seinen Prominentenpuff „Pension Clausewitz" mußte Helmcke 1965 schließen, weil das Etablissement in den Verdacht geraten war, ein Spionagenest des Staatssicherheitsdienstes der DDR zu sein. Man entließ den Bordellbetreiber aus der Haft mangels Beweises. Nachmieterin der über 200 m^2 großen Ku'dammetage wurde Filmstar Hildegard Knef, die nach kurzer Zeit in eine Grunewaldvilla umzog.

Peter Hille, Tiergarten, Großer Tiergarten

In einer Mainacht des Jahres 1904 fand man auf dem Bahnhof Zehlendorf einen ohnmächtigen Mann. Sein neben dem Kopf liegender Schlapphut war ebenso mit Blut verschmiert wie das wallende Haupthaar, der Vollbart, sein verschlissener schwarzer Anzug und die abgetragenen Stiefel. Der ins Krankenhaus Lichterfelde Gebrachte erlangte das Bewußtsein zurück und machte folgende Angaben zur Person: „Ich heiße Peter Hille, bin Poet, kam am 11. September 1854 in Erwitzen bei Höxter zur Welt, lebe seit etlichen Jahren zumeist ohne festen Wohnsitz in Berlin, schlafe sommers auf den Parkbänken des Großen Tiergartens und verkehre im ‚Café Größenwahn', wo mich jeder genau kennt." Das „Café des Westens" mit den auf ihn wartenden engen Freunden, Else Lasker-Schüler und Erich Mühsam, sah Peter Hille nicht wieder. Hier wurde er, seit ihn im Schmuck seines überlangen Haupt- und Barthaares Lovis Corinth gemalt hatte, nur Sankt Peter Hille genannt. Der letzte Vagant Deutschlands starb am 7. Mai 1904 auf der Station II des Krankenhauses. Von seinen Werken, die auf sonderlichem Papier geschrieben waren — allen druckfreien Stellen unzähliger Speisekarten, Bahnbilletts und Zigarettentüten —, ist nur wenig übriggeblieben. Stets hatte Hille das Niedergeschriebene in Säcke gestopft und auf seinen Wanderungen durch Europa und Vagabondagen innerhalb Berlins mit sich geschleppt — und dann nicht selten verloren.

Hannah Höch, Heiligensee, An der Wildbahn 33

Wahrscheinlich ist sie die Erfinderin der Collage. Ihre auf der „Internationalen Dada-Messe Berlin 1920" gezeigte Fotomontage „Dadas Schnitt mit dem Küchenmesser durch die erste Weimarer Bierbauchkulturepoche" machte sie berühmt. Zu dieser Zeit lebte sie mit dem Dadaisten Raoul Hausmann in der Reichshauptstadt zusammen, ihrer beider Lebensunterhalt als Schnittmusterzeichnerin verdienend („Sei sparsam Brigitte, nimm Ullstein-Schnitte"). Ab 1924, inzwischen hatte sich das Paar getrennt, nun war Kurt Schwitters der Lebensgefährte von Hannah Höch, gehörte sie zu den gefragtesten Malerinnen Deutschlands. Ihre Arbeiten stuften die Nazis 1933 prompt als „entartete Kunst" ein, woraufhin die mit Arbeitsverbot Belegte auf ihre Art in die Emigration ging. Eine kleinere Erbschaft ermöglichte Hannah Höch den Kauf des laubenähnlichen Hauses mit dem großen Garten in Heiligensee. Bis zum Ende der NS-Zeit lebte die Einkommenslose von den Obst- und Gemüseerträgen ihres Grundstücks. Erst Ende der vierziger Jahre, nach ausgedehnten Rangeleien zwischen West- und Ost-Berlin, erhielt Hannah Höch endlich wieder den ihr zustehenden Platz in der Kunstwelt zurück. Sie wurde Ordentliches Mitglied der Akademie der Künste Berlin und bekam zum 86jährigen Geburtstag den Professorentitel vom Berliner Senat verliehen.

Paul Hörbiger, Zehlendorf, Glockenstraße 25

Der Held war nicht das Fach dieses Publikumslieblings, der Held war er im Leben. Darum mußte der Theater- und Filmstar, geboren 1894 in Budapest, 1940 seine Wahlheimat Berlin verlassen. Die 14 Jahre zuvor erworbene Zehlendorfer Villa, neben die der renommierte Orchideenzüchter mehrere Treibhäuser hatte bauen lassen, ging in andere Hände über. Goebbels, dem Hörbiger bereits 1934 erklärt hatte, daß er niemals Freund der Nazis werden würde, was ein mehrmonatiges Auftrittsverbot nach sich zog, verbannte ihn nun nach Wien. Der nicht Einzuschüchternde war wieder einmal temperamentvoll für zwei jüdische Kollegen eingetreten. Unbequem blieb Hörbiger den braunen Machthabern weiterhin. 1944 verhaftete man ihn unter dem Verdacht der Mitgliedschaft einer Widerstandsvereinigung. Daß er zum Tode verurteilt wurde, verwunderte niemanden, daß aber eine riesige Protestwelle entstand, das war in jener Zeit einmalig. Und sie war von Erfolg gekrönt. Die aufgeschobene Exekution vereitelte dann das rasant eintretende Ende der NS-Ära. Der Davongekommene wurde 87 Jahre alt, hat über 300 Spielfilme gedreht, noch mehr Bühnenrollen gespielt und viele Fernsehauftritte absolviert. Der leider nicht mehr nach Berlin zurückgekehrte Volksschauspieler gehört zu den wenigen Mimen, denen die Nachwelt Kränze flicht.

Christopher Isherwood, Schöneberg, Nollendorfstraße 17

Herr Issyvoo, so sprach Christopher William Bradshaw Isherwoods Zimmervermieterin Lina Schröder in der Nollendorfstraße seinen Namen aus, kam 1930 nach Berlin. Der englische Staatsangehörige blieb in Deutschlands Hauptstadt, sich den Lebensunterhalt durch Erteilung von Englischunterricht und Erstellung journalistischer Gelegenheitsarbeiten verdienend, bis zu Hitlers Regierungsantritt. Aus seinen hiesigen Erlebnissen, über die der Mittzwanziger Tagebuch führte, entstand das 1939 erschienene Buch „Goodbye to Berlin", dessen deutsche Erstausgabe („Leb' wohl Berlin") 1949 herauskam. In New York, Isherwoods Wohnsitz Ende der dreißiger Jahre, schrieb er dann die Bühnenfassung seines Berlinromans in Episoden. 1972, inzwischen war der Erfolgsautor amerikanischer Staatsbürger geworden und domizilierte nun in Kalifornien, drehten *ABC Pictures/Allied Artists* aus dieser literarischen Berliner Perle den Filmwelterfolg „Cabaret". Liza Minnelli spielte die Hauptrolle. Christopher Isherwood imponierte den Amerikanern durch ständige Zivilcourage: Während des Zweiten Weltkrieges verweigerte er den Wehrdienst, in den späten vierziger Jahren bekannte er sich zur Homosexualität, als reifer Mann machte er kein Geheimnis aus seiner Zugehörigkeit zu einer fernöstlich ausgerichteten Sekte.

Ursula Kardos, Schöneberg, Courbièrestraße 6

Die von einem Zigeunerprimas Geschiedene war zur Zeit der Weimarer Republik die Pythia des modernen Berlins, hernach, im Dritten Reich, mit Berufsverbot belegt, zeitweilig KZ-Insassin und gleichzeitig von NS-Größen frequentiert und nach 1945 die einzige vom Magistrat konzessionierte Hellseherin der Stadt. Ursula Kardos sagte genau das Attentat auf Hitler für den 20. Juli 1944 voraus, weissagte die Sterbedaten Stalins und Ernst Reuters richtig, kündigte den Bonner Regierungswechsel 1969 an. Doch als man sie nach dem Verbleib ihrer Freundin und Nachbarin, der Sekretärin Gleisberg, fragte, sah die Kardos die Vermißte durch die Bundesrepublik reisen. Und da wurde auch schon der stark in Verwesung übergegangene Kopf, nach weiteren Tagen der beinlose Körper der ermordeten Frau Gleisberg aus dem Landwehrkanal geborgen. Ebenfalls ein Flop wurde die in einer Illustrierten exklusiv veröffentlichte und exakt terminierte Wiedervereinigung Deutschlands. Von geringer Fehlerquote waren die der Privatkundschaft geleisteten Dienste — Arme wurden gratis bedient, Normalverdiener zahlten 20 Mark, Reiche bestimmten das Honorar selbst. Zu den letzteren zählten Modeschöpfer Heinz Oestergaard und „Triumph-Miederwaren"-Hersteller Curt Braun. Braun ließ seiner Berliner Wahrsagerin einen Bungalow im noblen Vorort Dahlem bauen.

Jochen Klepper, Nikolassee, Teutonenstraße 23

Der Dichter, der schon seit Jahren nur noch Christliches schrieb, schied in der Nacht vom 10. zum 11. Dezember 1942 zusammen mit seiner Frau Hanni, verwitwete Stein, und der Stieftochter Renate aus dem Leben. Jochen Kleppers kleiner Familie stand für den nächsten Tag die Deportation ins KZ bevor. So endete der achtjährige Kampf des Pfarrersohns, Theologen, Rundfunkschaffenden und Dichters gegen die Nazis, die von ihm forderten, sich von seiner jüdischen Frau und den beiden „nichtarischen" Stieftöchtern zu trennen. Sie hatten ihm die Anstellung beim Berliner Rundfunk gekündigt, den Posten in einer großen Verlagsanstalt weggenommen, ihn mehrmals aus der „Reichsschrifttumskammer" ausgeschlossen, die Auswanderung verweigert und den freiwilligen Kriegsteilnehmer nach zehn Monaten im Felde als „wehrunwürdig" entlassen. Seit 1931 hatte der Schlesier Klepper in Berlin gewirkt. Hier (in Südende, Karlstraße 6) entstand 1933 sein Romanerstling „Der Kahn der fröhlichen Leute". Schon vier Jahre später erschien das Jahrhundertbuch „Der Vater", ein biographischer Roman über den Soldatenkönig Friedrich Wilhelm I. Unvollendet blieb Jochen Kleppers letztes Buch, die Lebensgeschichte der Katharina von Bora, Martin Luthers Frau, dem ein penibles Studium der Archive und Schauplätze vorangegangen war.

Hildegard Knef, Grunewald, Bettinastraße 12

Die Vielbegabte (Theaterdiva Deutschlands und Amerikas, internationaler Filmstar, Schallplattenmillionärin, Bestsellerautorin und seit 1988 auch Malerin) ist in Ulm geboren und in Berlin aufgewachsen (u. a. in der Frobenstraße und der Geburtsstraße von Marlene Dietrich, Leberstraße). Hildegard Knef debütierte 1942 bei der Ufa, spielte dann an den hiesigen Theatern und erhielt 1947 im ersten Spielfilm der DEFA („Die Mörder sind unter uns") die Hauptrolle. Dafür zeichnete man sie in Locarno aus als „Beste Schauspielerin des Jahres"). Willy Forst holte die Blondine, die inzwischen geheiratet und sich nach Amerika ins Privatleben zurückgezogen hatte, 1950 für seinen einen Riesenskandal auslösenden Film „Die Sünderin" zurück. Fortan filmte die Knef weltweit bis 1954. Dann spielte sie am Broadway, alle bis dahin aufgestellten Rekorde übertreffend, 675mal hintereinander das Cole-Porter-Stück „Seidenstrümpfe". Inzwischen geschieden, heiratete sie den Regisseur und Produzenten David Cameron, der ihr in Deutschland die heißersehnte Karriere als Chansonsängerin schuf (ausverkaufte Tourneen, Plattenauflagen in Millionenhöhe, die Auszeichnung „Beste deutschsprachige Sängerin 1968"). Nach der Geburt ihrer Tochter — die Knef wurde sehr spät Mutter — schrieb sie „Der geschenkte Gaul — Bericht aus meinem Leben", einen Bestseller, von dem in der Welt über drei Millionen Exemplare gedruckt wurden.

Käthe Kollwitz, Prenzlauer Berg, Kollwitzstraße 25

Nach ihrer Vermählung mit dem Mediziner Dr. Karl Kollwitz zog die studierte Grafikerin in das Haus Weißenburger Straße, heute Kollwitzstraße. Hier, in der Mitte des Armenviertels, blieb das Paar lebenslang wohnen, sich der Sorgen und Nöte seiner Mitbewohner annehmend. Er, der praktische Arzt, betrieb eine Kassenpraxis, sie, die Grafikerin und Bildhauerin, rüttelte mit ihren Darstellungen, die die Armut und Verzweiflung des vierten Standes zeigten, Deutschland wach. Wäre es nach Adolf von Menzel gegangen, so hätte die junge Künstlerin vom „Prenzelberg" bereits 1898 die Kleine Goldene Medaille erhalten. Kaiser Wilhelm II. selbst verweigerte der „Asphaltmalerin" diese Auszeichnung, versagte ihr während seiner folgenden noch 20 Jahre dauernden Regierungszeit jede Anerkennung. Dann aber, 1919, wurde Käthe Kollwitz Mitglied der Preußischen Akademie der Künste und erhielt als erste Frau in Deutschland den Professorentitel verliehen. 1929 zeichnete man sie mit dem Orden Pour le mérite aus. Vier Jahre später zwangen die an die Macht gekommenen Nazis Käthe Kollwitz zum Ausscheiden aus der Akademie der Künste. 1936 verhängten sie über die nun 69jährige weltbekannte Künstlerin das Ausstellungsverbot. Käthe Kollwitz wurde 1940 Witwe, verlor durch Ausbombung 1943 ihre Wohnung und damit einen Teil ihres Werkes. Sie starb kurz vor Kriegsende (am 22. April 1945).

Käthe Kruse, Charlottenburg, Fasanenstraße 13

Weil ihr Mann, der Bildhauer Professor Max Kruse, zu Hause das Sagen hatte, wurde ihr Name zum Weltbegriff. Weihnachten 1905 trug der Professor seiner Frau auf, eine Puppe zu basteln, wie es sie im Spielwarenhandel nicht zu kaufen gab. Die für das Töchterchen Maria-Speranza bestimmte Puppe sollte weich und beweglich sein, also ein Spielzeug werden, das das Kind richtig liebhaben würde. Frau Kruse, die ehemalige Schauspielerin Hedda Simon, befolgte die Vorgaben, und das den Namen „Bambina" tragende Resultat wurde von Maria-Speranza heiß geliebt. Von Stund an wünschten sich alle sechs Kinder der Kruses zu Festen und Geburtstagen auch „Bambinas". 1910 nahm Käthe Kruse an der von einem Berliner Kaufhaus veranstalteten Ausstellung „Spielzeug aus eigener Hand" teil. Einstimmig feierte die Presse die Berliner Puppenmacherin, bei der hieraufhin aus Amerika eine Bestellung über 150 Käthe-Kruse-Puppen eintraf. Geschmeichelt räumte die Beauftragte das Eßzimmer ihrer Wohnung aus, stellte Nähmaschinen auf, engagierte Hilfskräfte und erfüllte prompt den Exportauftrag. Die in den USA eingetroffenen Puppen schlugen am Markt sensationell ein. Postwendend kamen in Berlin weitere Bestellungen in erstaunlichen Größenordnungen an. In Windeseile wandelte sich Käthe Kruses Heimfabrikation zur Spielwaren-Markenartikelfabrik mit einigen hundert Arbeitern und Angestellten.

Ilse Kubaschewski, Rudow, Prierosser Straße 12

Die „Kuba“, blond, attraktiv und redegewandt, gab in den fetten Nachkriegsjahren des deutschen Films den Ton an. Die von ihr 1949 gegründete „Gloria-Filmverleihgesellschaft“, die sich zeitweise auch als bedeutender Produzent unbedeutender Spielfilmer betätigte, war der Branchenführer. Als Ilse Kubaschewski 1973 ihr Unternehmen verkaufte, taxierte man das Vermögen der in Berlin-Neukölln geborenen Kauffrau auf eine viertel Milliarde Mark. Zu diesem Zeitpunkt zählte noch zum enormen Immobilienbesitz der Karrierefrau Berlins größtes Wohnhaus, der 17geschossige Corbusierbau am Heilsberger Dreieck. Mit 16 Jahren war die Tochter eines Postlers in das Berufsleben eingetreten; Fräulein Ilse fing als Stenotypistin bei der Berliner „Siegel-Monopol-Filmproduktion“ an. 1943, bei Schließung aller Filmherstellungsbetriebe während des Zweiten Weltkrieges, war Ilse Kubaschewski bereits die erste Kraft der Firma. Unterdessen hatte sie auch einen Kollegen, den Ufa-Manager und späteren Chef der „Bavaria-Filmgesellschaft“, Hans Kubaschewski, geheiratet. Um weiter arbeiten zu können, legte sie, die Mitbesitzerin am einzigen Kino des Neuköllner Ortsteils Rudow war, die Filmvorführerprüfung ab und betrieb bis zum Kriegsende allein das Lichtspielhaus. Danach haben sich das deutsche Wirtschaftswunder und Ilse Kubaschewski gegenseitig geprägt.

Else Lasker-Schüler, Schöneberg, Motzstraße 7

Viele kennen diese Dichterin, wenige aber ihr Werk. Else Lasker-Schüler hat in Berlin mehr Eindruck hinterlassen als jede andere Poetin. Noch heute, 56 Jahre nach ihrer Emigration (1933), weiß man hier: Sie war die Tochter eines jüdischen Bankiers aus Wuppertal-Elberfeld, die 25jährig nach Berlin geheiratet hatte. Ihr Mann, Dr. B. Lasker, betrieb eine starkfrequentierte Arztpraxis, sie stürzte sich in eine Malerinnenkarriere (mit eigenem Atelier). Als nach fünfjähriger Ehe ihr Sohn Paul geboren wurde, endeten Ehe und Malerei abrupt. Dr. Lasker, der nicht der Kindesvater war, setzte, von der Öffentlichkeit viel beachtet, die Scheidung durch. Nun entspann sich die große platonische Liebe zwischen der Durchgängerin und dem König der Berliner Boheme, Peter Hille. Von ihm zum Schreiben ermutigt, erschien Else Lasker-Schülers erstes Buch, der Gedichtband „Styx". Von 1903 bis 1912 war die Dichterin mit Georg Lewin verheiratet, den sie zu der Berühmtheit namens Herwarth Walden machte. Die mit den Größen Benn, Kraus, Schickele, Trakl und Werfel Befreundete, die ab 1924 ständig im Hotel „Sachsenhof" lebte, wurde 1932 mit dem Kleistpreis ausgezeichnet. Ein Jahr später überstand sie nur knapp ein Attentat der SA und flüchtete in die Schweiz. Von dort wanderte Else (richtig Elisabeth) Lasker-Schüler nach Jerusalem aus, wo die Enkelin eines Rabbiners, deren Geburtsdatum der 11. Februar 1869 ist, am 22. Januar 1945 starb.

Max Liebermann, Wannsee, Am Großen Wannsee 42

Seines Vaters Fabrik, des Deutschen Reiches größte Kattunbedruckerei, übernahm er nicht. Max Liebermann entschied sich für die Kunst, er wurde der größte Maler und Grafiker seines Landes. Erfolg war ihm gleich mit seinem ersten großen Bild, „Die Gänserupferinnen", beschieden. Es brachte ihm 1000 Mark und den Beinamen „Apostel der Häßlichkeit" ein. 1884 zog Liebermann, der bis dahin in Paris, Amsterdam und München gearbeitet hatte, ins von den Eltern hinterlassene vornehme Haus am Pariser Platz 7. Noch wurde er dafür heftig kritisiert, daß er statt schöner Menschen Leute des einfachen Standes in deren Alltag malte. Doch der Meister überzeugte seine Zeitgenossen von der Richtigkeit seines Vorgehens („Die gut gemalte Rübe ist ebenso gut wie die gut gemalte Madonna!"). Als bedeutendsten impressionistischen Maler ernannte man ihn 1927 zum Präsidenten der Akademie der Künste Berlin und verlieh ihm die Ehrenbürgerschaft Berlins. Für Theodor Fontane, Ferdinand Sauerbruch, Albert Einstein und Rudolf Virchow bedeutete es Ehre, von Max Liebermann gemalt zu werden. Auf seinem prächtigen Sommerwohnsitz Am Großen Wannsee entstanden u. v. a. die Landschafts- und Gartenbilder „Allee beim Jagdschloß Dreilinden" und „Wannseegarten".

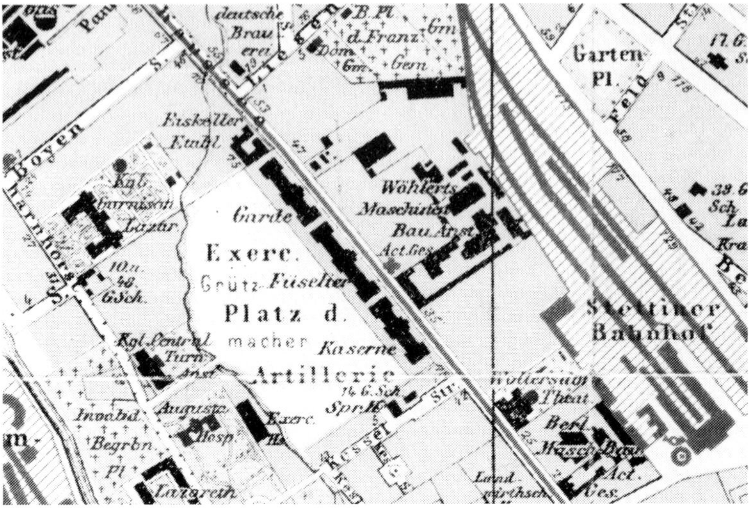

Lili Marleen, Mitte, Chausseestraße 76—78

Beim Einmarsch der Amerikaner 1945 mußte der Texter des Lili-Marleen-Liedes, Hans Leip, für General Eisenhower sein Autogramm auf einen Dollarschein setzen. Eisenhower, der spätere USA-Präsident, nannte den Dichter und Grafiker den einzigen Deutschen, der während des Krieges der ganzen Welt nur Freude gemacht hat. Für die Richtigkeit dieser Ansicht spricht die Übersetzung des Laternensongs in 80 Sprachen. Der von Norbert Schulze vertonte Welthit entstand bereits 1915, exakt am 3. April. Da stand Hans Leip als Kriegsfreiwilliger beim Gardefüsilierregiment (Chausseestraße 76—78). In der Wachstube des Kaserneneingangs Kesselstraße schrieb er an seinem letzten Berliner Tag — am 4. April sollte er an die Front gehen — die Lili-Marleen-Strophen in sein Notizbuch. Dabei stand er noch voll unter dem Eindruck des Abschiednehmens von seinen zwei Berliner Freundinnen. Die eine hieß Betty, er rief sie Lili, die andere trug den Waterkantnamen Marleen, den der Hamburger Leip unverändert ließ. Lili-Betty war die glutäugige Tochter einer Weddinger Gemüsehändlerin, deren Kellerladen über acht Stufen erreichbar war. Marleen, die Hilfskrankenschwester, hatte einen Lazarettarzt zum Vater. Erst in seiner 1979 erschienenen Autobiographie „Das Tanzrad" verriet Hans Leip, daß er hinter der Heldin Lili Marleen zwei junge Mädchen versteckt hatte.

Otto Lilienthal, Lichterfelde, Boothstraße 17

Das Fliegen wollte er schon im Knabenalter erfinden. Zwei Meter maßen die von ihm zusammen mit seinem jüngeren Bruder Gustav aus Holz gebauten, mit Vogelfedern bespannten Schwingen. Natürlich endeten des kleinen Tüftlers vom Anklamer Dach des Elternhauses unternommene Flugversuche als schmerzhafte Bauchlandungen. Die Brüder Lilienthal ergriffen dann technische Berufe; Otto wurde Ingenieur, Gustav Architekt. Dem jungen Ingenieur glückten lukrative Erfindungen, die es ihm ermöglichten, eine eigene Fabrik zu gründen, der Architekt machte sein berufliches Glück in Australien. Dann, vom Heimweh zurückgetrieben, baute Gustav seinem wohlhabend gewordenen Bruder die Villa in der Lichterfelder Boothstraße. Hier nun nahm das Bruderpaar die lang unterbrochenen Flugversuche wieder auf. Otto Lilienthal startete, sich stützend auf ausgiebige Beobachtungen des Vogelflugs, zunächst vom Dach der an sein Wohnhaus angebauten Werkstatt. Als ihm 1891 ein 30-Meter-Gleitflug gelungen war, fanden die Flugversuche ihre Fortsetzung an der Lichterfelder Lehmgrube. 1893 legte „Der Vater des Fliegens" 350 Meter im Flug zurück. Am 9. August 1896 stürzte der 49jährige in den Bergen zwischen Rhinow und Stölln ab. Otto Lilienthal starb tags darauf am Bruch der Wirbelsäule. Sein letzter zu verstehender Satz lautete: „Opfer müssen gebracht werden!"

Rosa Luxemburg, Tiergarten, Corneliusbrücke

„Die rote Rosa“ (Volksmund), von der der Ausspruch stammt, „Freiheit ist immer die Freiheit Andersdenkender“, wurde in Berlin ermordet. Sie war Jüdin mit deutscher Staatsbürgerschaft, brillante Schriftstellerin und mitreißende Rednerin. Die 1905 maßgeblich an der ersten russischen Revolution Beteiligte hat danach unerschrocken für die SPD gekämpft und dann die KPD mitbegründet. Den Ersten Weltkrieg hatte Rosa Luxemburg zum überwiegenden Teil in Haft verbracht. Seit Jahresanfang bereits wieder steckbrieflich gesucht, stöberten die Regierungstruppen die 49jährige Revolutionärin am 15. Januar 1919 auf. Sie brachten die Luxemburg zur Identifizierungsvernehmung in ihr im „Eden Hotel“ stationiertes Divisionsstabsquartier. Am Schluß erklärte der Vernehmungsoffizier Pabst der Festgenommenen, man würde sie nun in das Untersuchungsgefängnis Moabit überstellen. Als die von zwei Soldaten Begleitete die Hoteldrehtür passierte, nahm der hier Posten stehende Husar Runge befehlsgemäß sein Gewehr beim Lauf und schlug den Waffenkolben der Frau mehrmals auf den Kopf. Die Militärs schleiften ihr ohnmächtig zusammengebrochenes, blutüberströmtes Opfer in das am Fahrbahnrand stehende Kraftfahrzeug. Während des Davonrasens erschoß Transportkommandant Oberstleutnant Vogel Rosa Luxemburg. Am Landwehrkanal ließ er halten und die Ermordete ins Wasser werfen.

Mata Hari, Wilmersdorf, Nachodstraße 18

Beide Akten, die des französischen Geheimdienstes und die des Scotland Yards, bezeichnen fälschlicherweise das Berlin-Wilmersdorfer Luxusapartment der deutschen Agentin L 21 als Spionagenest. Tatsächlich war es ein Liebesnest, das der märkische Grundbesitzer Kiepert 1906 seiner Geliebten, der international bekannten Schönheit und Tänzerin Mata Hari (Auge des Tages), eingerichtet hatte. Als die schwarzhaarige, großgewachsene, braunäugige Holländerin Margaretha Geertruida Mac Leod, geborene Zelle, 1914 Spionin für Deutschland wurde, hatte sie längst das Apartment gegen eine Villa gewechselt. Der Tanzstar von Paris, Madrid, Monte Carlo, Wien, London und Berlin, dessen heftigster und prominentester Verehrer Puccini war, feierte zwischen 1905 und 1915 auch als Nackttänzerin Triumphe. Mata Hari, die 1916 der englischen Spionageabwehr ins Netz ging, mußte von Scotland Yard mangels Beweisen auf freien Fuß gesetzt werden. Ein Jahr später gelang es den Franzosen, die mit Geheimtinte unsichtbare Meldungen verfassende Agentin L 21 zu überführen. Sie verurteilten Mata Hari zum Tode und vollstreckten am 15. Oktober 1917 das Urteil durch Erschießen. Der Körper der 42jährigen Hingerichteten kam, da ihn keiner aus ihrem Bekanntenkreis zur Bestattung holen ließ, in einen Seziersaal der Pariser Universität.

Ulrike Marie Meinhof, Mariendorf, Eisenacher Straße (Dreifaltigkeitsfriedhof)

Sie kam Ende der sechziger Jahre als Starjournalistin nach Berlin, Mitte Mai 1970 verließ sie die Stadt als Staatsfeind Nummer eins. Ulrike Meinhof, die apart aussehende Mittdreißigerin, übersiedelte zusammen mit ihren siebenjährigen Zwillingen infolge einer gescheiterten Ehe von der Elbe (Hamburg) an die Spree. Ihr Exmann war der Herausgeber des Politmagazins „Konkret", Klaus Rainer Röhl. Die Wahlberlinerin hatte einen großen Ruf als Atomrüstungsgegnerin und hochbegabte Schreiberin (Chefredakteurin bei „Konkret" von 1960 bis 1964). Sie übernahm am Institut für Publizistik der „Freien Universität Berlin" einen Lehrauftrag und produzierte Fernsehfilme für die Sendereihe „Panorama". Sie und ihre Helfer schossen den wegen Kaufhausbrandstiftung in Haft befindlichen Terroristen Andreas Baader frei. Sie verschwanden im Untergrund und machten bis zur ihrer Festnahme im Sommer 1972 als „Rote-Armee-Fraktion" und „Baader-Meinhof-Gruppe" Schlagzeilen. Ulrike Meinhof erhängte sich an einem Maitag des Jahres 1976 in der Strafvollzugsanstalt Stuttgart-Stammheim. Eine Woche später wurde sie von 4000 Linken auf dem Berliner Dreifaltigkeitsfriedhof beerdigt. Unterdessen ist ihr Leben zum Opernstoff geworden („Ulrike, eine antike Tragödie", uraufgeführt am 1. Februar 1989 in Belgien).

Adolf Miethe, Wilmersdorf, Konstanzer Straße 36

Mitte 1924 hielt der internationale Goldhandel den Atem an. Die Superreichen blickten gebannt nach Berlin, wo der uralte Menschheitstraum, Gold auf künstlichem Wege herzustellen, Wirklichkeit geworden war. Der moderne Alchimist war der Professor für Chemie und Physik, Adolf Miethe. Er gewann vor den Augen aus aller Welt eingeladener Wissenschaftler in seinem Laboratorium der „Technischen Hochschule Charlottenburg" aus Quecksilber Gold. Seine zugleich abgegebene Erklärung, daß dieses Verfahren unrentabel sei, beruhigte keinen. Man kannte Miethe, der den Ruf hatte, Unmögliches möglich zu machen, und befürchtete, daß er die Unwirtschaftlichkeit in das Gegenteil verwandeln würde. Der 1862 in Potsdam Geborene hatte 29jährig gemeinsam mit R. Dallmeyer das photographische Fernrohr erfunden und dann als Ordinarius für Photochemie und Spektralanalyse in Berlin die Farbphotographie und den Dreifarbendruck. Noch während der Versuche zur Goldgewinnung nahm Adolf Miethe die Arbeit auf, Edelsteine synthetisch zu schaffen. Außerdem arbeitete er fieberhaft am Problem der Atomzertrümmerung. Dieses gigantische Forschungsprogramm zehrte die Kräfte Miethes auf. Als er sich 1927 einer kleinen Operation unterziehen mußte, starb der Goldmacher auf dem Operationstisch an Herzschwäche.

Arthur Nebe, Zehlendorf, Potsdamer Chaussee 21 A

Hätte er das Abitur bestanden, wäre er Pfarrer geworden. So nun wurde der Durchgefallene Trickser und Meisterkriminalist. Seine Trickserkarriere begann mit Ausbruch des Ersten Weltkrieges. Da meldete sich der gescheiterte Abiturient freiwillig zum Militär, weil ins Feld ziehende Oberschüler mit dem Notabitur belohnt wurden. Nach dem Krieg ging er zur Kripo. Arthur Nebe schaffte die Kommissarprüfung erst beim zweiten Anlauf und auch nur durch einen Trick: Der Kommissaranwärter wurde SPD-Mitglied. Mitte der zwanziger Jahre war er dann eine der Berühmtheiten der deutschen Kriminalpolizei (Leiter der Spezialabteilung Rauschgiftbekämpfung). Das nächste Mal trickste der Kriminalist beim Machtantritt der Nazis. Er ließ die seit 1931 bestehende NSDAP-Mitgliedschaft seiner Frau auf sich umschreiben und war nun einer der wenigen „alten Genossen". Das Regime honorierte Nebes Trick fürstlich. Es erteilte ihm 1934 den Auftrag, das „RKPA" (Reichs-Kriminal-Polizei-Amt), eine dem Scotland Yard ebenbürtige Institution, aufzubauen. Als RKPA-Direktor trickste Nebe letztmals. Kaum stand fest, daß Hitler den Krieg endgültig verlieren würde, paktierte Nebe mit den Widerstandskämpfern des 20. Juli 1944. Er wurde enttarnt, konnte flüchten, ließ sich von seinen ehemaligen Untergebenen und Kollegen überlisten und fangen und endete durch den Scharfrichter.

Wolfgang Neuss, Charlottenburg, Lohmeyerstraße 6

Out und drogenabhängig bezeichnete er sich 1977 so: „Ich bin ein Wrack, aber eins mit einem Schatz drin, also hebungswürdig!" In der internationalen Presse hatte man immer Raum für den „Mann mit der Pauke", den die Nation erst geliebt und dann gehaßt hat wie keinen anderen Kabarettisten. Die „New York Times" bildete da keine Ausnahme, sie berichtete regelmäßig über den respektlosen Berliner. Der gebürtige Breslauer des Jahrgangs 1923 hatte sich im Krieg mit dem Karabiner seinen linken Zeigefinger abgeschossen, um von der Front wegzukommen. Neuss war dann Komiker bei der Truppenbetreuung geworden, gleich nach dem Krieg Landarbeiter und hierauf Metzgerlehrling mit Abitur. Zurückgekehrt zur Bühne, riß er so kritische Witze, daß man ihn einlochte. Neuss bekam in der Haft Tucholsky zu lesen und wurde endgültig Kabarettist. Ursula Herking war seine erste Brettlpartnerin. Er schuf zwei Erfolgsfilme, „Wir Kellerkinder" und „Genosse Münchhausen", beide wurden preisgekrönt, in beiden war er Hauptdarsteller, Regisseur, Drehbuchautor und Produzent. 1963 startete er im „Domizil" des „Hauses am Lützowplatz" sein Ein-Mann-Polit-Kabarett, dessen Programme „Neuss Testament", „Das jüngste Gerücht", „Marxmenschen" und „Asyl im Domizil" als das Beste in die Kabarettgeschichte eingegangen sind. Wolfgang Neuss wurde am 5. Mai 1989 in seiner Wohnung tot aufgefunden.

Martin Niemöller, Dahlem, Pacelliallee 61

Stolz war er auf seinen zweiten, erst im hohen Alter erhaltenen Namen, *Ooduh-Mah-Thee-A* (Der auf dem rechten Weg Wandelnde). Den hatten ihm die nordamerikanischen Ponca-Indianer 1963 in Würdigung seines Kampfes gegen die Nazis verliehen. Der zu ihrem Stammesmitglied Ernannte war 1933 durch sein Buch „Vom U-Boot zur Kanzel" bekannt geworden. Darin schildert er seinen Werdegang: Pfarrerssohn aus Westfalen, nach dem Abitur Eintritt in die Kaiserliche Marine, Offizierslaufbahn, U-Boot-Kommandant im Ersten Weltkrieg, 1919 Abschiednahme trotz seiner Berufung in den Admiralsstab, weil er zwei U-Boote dem Sieger (Großbritannien) ausliefern sollte, dann bis 1924 Studium der Theologie, ab 1931 Pfarrer der protestantischen Gemeinde Berlin-Dahlem. Martin Niemöller trat 1933 mutig den Nazis gegenüber, gründete und leitete den „Pfarrernotbund", dessen Hauptaufgabe es war, die Kirchenfeindlichkeit des NS-Regimes abzubauen. Es gelang den braunen Machthabern nicht, den Dahlemer Pfarrer einzuschüchtern oder lächerlich zu machen („Vom Kirchenlicht zum Armleuchter!"). Kirchengeschichte wurden seine Widerstandspredigten, gehalten, nachdem ihm Hitler das Pfarramt hatte entziehen lassen. Martin Niemöller kam 1937 für sieben Monate in Festungshaft und daran anschließend bis zum Ende des Dritten Reiches in KZs. Im Nachkriegsdeutschland war er maßgeblich am Wiederaufbau der evangelischen Kirche beteiligt.

Paul Nipkow, Pankow, Wollankstraße 134

Das Fernsehen erfand er am Heiligen Abend 1883. Das war der einzige Tag des Jahres, an dem die Kneipe geschlossen war, in der sich Paul Nipkow als Mann am Klavier sein Studium verdiente (er hörte bei Helmholtz Physik und bei Slaby Elektrotechnik). Der 24jährige angehende Ingenieur verbrachte den Heiligen Abend rechnend und schreibend. Seine Erfindung nannte der aus Pommern stammende Tüftler das „Elektrische Teleskop", das am 6. Januar 1884 Nipkows Verlobte und spätere Ehefrau, die Gebühren aus eigener Tasche zahlend, beim Patentamt anmeldete (Patentschrift Nummer 30/105). Bald hierauf glückte ihm eine weitere Erfindung, auch eine, die ihrer Zeit weit voraus war. Es handelte sich um die mit Motorkraft betriebene „Insektenflugmaschine", den heutigen Hubschrauber. Geldmangel erlaubte dem jungen Erfinder, der nach dem Studium als Postingenieur arbeitete, nicht, diese beiden Patente zu verlängern. Andere Techniker nahmen sich der schutzlos gewordenen großen Erfindungen an, verbesserten sie und eroberten damit den Weltmarkt. Paul Nipkow war es vergönnt, noch als hoher Siebziger den Start des deutschen Fernsehens mitzuerleben. Als Ehrengast erschien er bei der Eröffnung der ersten öffentlichen Fernsehstube der Welt in der Pankower Wollankstraße 134.

Pferdegräber, Glienicke, Königstraße, Glienicker Park

Den Pferdefriedhof des letzten deutschen Kaisers hat man bis zu dessen Abdankung geheimgehalten. Die im Schloßpark Monbijou befindliche Anlage war bis 1918 dem Publikum nicht zugänglich. Sie ist dann, im Zweiten Weltkrieg von Bomben beschädigt, nach 1945 geschliffen worden. Das Vorbild des kaiserlichen Pferdefriedhofs, die völlig in Vergessenheit geratenen Roßgräber des Prinzen Karl von Preußen, sind noch vorhanden. Der Kunstliebhaber und Pferdenarr ließ sie an besonders romantischen Stellen seines Glienicker Schloßparks anlegen. Zwei sind zu finden unter alten Eichen nahe dem Wildparktor. Auf der einen Grabplatte wird an *Agathon* (das Gute) erinnert. Der Fuchswallach lebte 32 herrliche Jahre, wurde am 8. April 1822 geboren und starb am 29. Oktober 1854. Die andere Grabplatte weist aus: *„Brounhorse, 1815—1843, über 20 Jahre im Besitz Sr. K. H.“* Eine dritte Roßgrabstelle befindet sich an der märchenhaft anmutenden Teufelsbrücke. Zwischen ihr und dem Austritt der Quelle wurde *„Allamonth 1812—1838“* begraben. Einem Gerücht zufolge hat der „eiserne Gustav“ alias Gustav Hartmann, der zu Weltruhm gekommene Droschkenkutscher aus Wannsee, sein Lieblingspferd „Grasmus“ heimlich in der Nähe des Glienicker Parks beisetzen lassen.

Erich Maria Remarque, Wilmersdorf, Wittelsbacher Straße 5

Vier Dutzend Verleger haben das Manuskript von „Im Westen nichts Neues“ abgelehnt. Als dann das 1927 geschriebene Buch 1929 im Berliner Propyläen-Verlag erschien, konnten während der ersten vier Monate 550 000 Exemplare verkauft werden. Bis heute wurde Erich Maria Remarques Antikriegsbuch in 32 Sprachen übersetzt und über achtmillionenmal gedruckt. Der Autor, seit dem Erscheinen seines Bestsellers von den Nazis tätlich verfolgt, verließ sogleich Deutschland. 1931 erwarb er die einst von Böcklin bewohnte Villa „Casa Monte Tabor“ in Ronco bei Ascona. Die NS-Propagandisten, die das Leben des Exilanten durchforschten, fanden nichts Verwertbares. Remarque hieß richtig Erich Paul Remark, war der Sohn eines Osnabrücker Buchbinders, hatte 18jährig von der Schule weg am Ersten Weltkrieg teilgenommen, war nach Kriegsschluß Dorfschullehrer, kaufmännischer Angestellter bei einem Bestattungsunternehmen und Werbetexter gewesen, wohnte zuletzt in der Berlin-Wilmersdorfer Wittelsbacher Straße 5, dritter Stock, Telefon Olivia 5451, wo er nachts seinen Welterfolg schrieb und tags als Redakteur des Scherl-Konzerns arbeitete. Und so setzten die Nazis das dürftige Gerücht in Umlauf, Remarque heiße wirklich Kramer, schreibe seinen Namen wie auch die Wahrheit des Ersten Weltkrieges von hinten nach vorn. 1939 wanderte Remarque von der Schweiz nach Amerika aus. Dort entstanden acht erfolgreiche Bücher, darunter ein Welthit à la „Im Westen nichts Neues“, „Arc de Triomphe“.

Annemarie Renger, Schöneberg, Bülowstraße 29

Deutschlands bekannteste Politikerin (Umfrageergebnis) wurde in Leipzig geboren und ist in Berlin aufgewachsen. Ihr Vater, Friedrich Wildung, war der Geschäftsführer der „Zentralkommission für Arbeitersport". Als die 25jährige 1945 in die Politik ging, hatte sie eine abgeschlossene Lehre als Verlagskaufmann und mehrere Stenotypistinnenjahre vorzuweisen. Sie war junge Kriegerwitwe und Mutter des 1938 geborenen, heutigen Bonner Regierungsdirektors Rolf Renger. Annemarie Renger startete als Sektretärin, Haushälterin und engste Vertraute von Kurt Schumacher. Nach seinem Tode, der SPD-Führer starb im August 1952, wurde sie Mitglied des Deutschen Bundestages, der sie 19 Jahre später zu seiner Präsidentin wählte (13. 12. 1972). Die Blondine führte das Amt mustergültig; selbst ihre vielen Gegner lobten das Wissen und Können der Präsidentin. Als die CDU 1976 wieder die Mehrheit im Deutschen Bundestag errang, erhielt Annemarie Renger den Posten des Vizepräsidenten. In ihrer eigenen Partei hält sich die Beliebtheit dieser Spitzenpolitikerin in Grenzen. Nicht zuletzt wegen ihrer Marotte, Ausführungen den Satz, „Bei Kurt Schumacher haben wir das stets so gehalten" voranzustellen.

Therese Renz, Kreuzberg, Friedrichstraße 33

Einen Sarg und das berühmte Dressurpferd „Malachit" beförderte der dem Zug Leipzig—Berlin angehängte Güterwagen an dem frühen Oktobertag des Jahres 1938. Der in Leipzig gastierende Zirkus Jakob Busch ließ seinen am 29. September 1938 im Alter von 80 Jahren verstorbenen Star, die Kunstreiterin Therese Renz, nach Berlin überführen. Hier, auf dem Nordberliner St.-Hedwig-Friedhof, trugen aus aller Welt angereiste Zirkus- und Artistengrößen ihre Nummer eins zu Grabe. Im Trauerzug ging, geführt vom Stallknecht der Verstorbenen, 80 rote Rosen im Sattel transportierend, „Malachit". Die Künstlerin, die bis zuletzt auftrat und die Hohe Schule in nie wieder erreichter Vollendung ritt, ließ sich in den letzten Lebensjahren zu den Auftritten tragen, weil die Beine ihr den Dienst versagten. Sie war als Zehnjährige zu ihrem Onkel, dem Zirkuskönig Ernst Jacob Renz, in die Lehre gekommen. Sechzehnjährig durfte sie dann als Stehend- und Parforcereiterin debütieren und war von Stund an über 63 Jahre lang ein Zirkusstar. Mit ihrem Mann, Robert Renz, einem Neffen des Ernst Jacob Renz, trat sie hoch zu Roß und hoch bezahlt weltweit auf. Die früh Verwitwete (1898) betrieb Anfang dieses Jahrhunderts einen eigenen Zirkus, wurde nach dessen Liquidierung eine namhafte Elefantenvorführerin und kehrte sechzigjährig zur Schulreiterei zurück.

Gebrüder Sass, Moabit, Birkenstraße 57

Nur einmal konnte Berlins Kripo, die zur Zeit der Meistereinbrecher Franz und Erich Sass internationales Renommee hatte, dem Brüderpaar einen „Bruch“ nachweisen. Das war deren erster, bei dem war Erich neun und Franz elf Jahre alt. Fortan arbeitete das Duo von A bis Z perfekt. Nie hinterließ es am Tatort Spuren, immer wurde das „Ding“ nach einer penibel erstellten Zeichnung ausgeführt, stets fanden nur Qualitätswerkzeug und modernste Maschinen Verwendung. Unbemerkt gruben die Gebrüder Sass lange Tunnel, unhörbar stemmten sie meterdicke Mauerdurchbrüche. Ihr riesiger Zeitaufwand und ihre unvorstellbare Sorgfalt sind bis heute einmalig in der Kriminalgeschichte. Wie auch die Erfolge. Im Januar 1929 lieferten Franz und Erich Sass das Nonplusultra. Sie knackten den als garantiert einbruchsicher propagierten Kellertresorraum der „Berliner Disconto Gesellschaft“ am Wittenbergplatz. Die Beute betrug 150 000 Reichsmark bar und Schmuck und Goldmünzen im Wert von zwei Millionen. All das verbargen die Meistereinbrecher in diversen Wand- und Bodenverstecken ihrer Moabiter Hinterhauswohnung. Keines davon fand die mehrere Haussuchungen vornehmende Kripo, die einmal sogar einen Bausachverständigen mitbrachte. In der NS-Zeit als Berufsverbrecher eingestuft, wurden die Gebrüder Sass im März 1940 ermordet. Ihre Akte schließt mit der Eintragung „Auf der Flucht erschossen!“.

Ferdinand Sauerbruch, Mitte, Luisenstraße (Charité)

Beide vom Halbgott der Medizin nacheinander bewohnten Villen (Wannsee, Koblanckstraße 1, Grunewald, Herthastraße 11) sind Neubauten gewichen. Mit den Häusern schwand dort auch die Erinnerung an den Direktor der Chirurgischen Klinik der Charité, Geheimrat Prof. Dr. Ferdinand Sauerbruch, bei dem morgens rassige Reitpferde vom Grundstück trabten und abends Champagnerkorken knallten. Tagsüber mehrte der Chef — so wurde er dienstlich und privat genannt — zwischen 1927 und 1949 seinen und den Ruf seiner Wirkungsstätte. In der Berliner Charité ließen sich von ihm die Reichen und Berühmten der Welt behandeln und zur Kasse bitten (die Könige Konstantin von Griechenland, Ferdinand von Bulgarien, Michael von Rumänien und Georg V. von England, der Malertitan Liebermann, Reichspräsident von Hindenburg, erster Nobelpreisträger der Physik, Röntgen, und die Theater- und Filmdiva Adele Sandrock). Arme Patienten behandelte er, der alle Menschen duzte, unentgeltlich. Der allseits Hoch- und Vielgeehrte vergaß nie seine Herkunft. Er war vaterlos bei seinem Opa, einem Elberfelder Schuster, aufgewachsen. Nach Berlin kam er bereits als Berühmtheit. Da wurden schon weltweit die „Sauerbruchsche Kammer“ (das Gerät, das die Lungenchirurgie revolutioniert hatte) und seine zweite Erfindung, der „Sauerbrucharm“ (eine Kunsthand, die mit den Armmuskeln verbunden wurde), angewandt.

August Scherl, Grunewald, Bismarckallee 42

Das auf dem 100 000 m^2 großen Grunewaldgrundstück errichtete Palais (50 Zimmer) entsprach nicht dem Geschmack der jungen (zweiten) Frau des reifen Großverlegers Scherl. Infolgedessen ließ er es am Tag nach der Fertigstellung abreißen und durch einen seiner Gattin gefallenden Neubau ersetzen. Ebenso königlich war August Scherl zu seiner ersten Frau gewesen. Der gelernte Drucker, der im Rheinland als Kolportageverleger ein Vermögen gemacht hatte, gründete Kölns erste Rollschuhbahn. Dieses gewinnträchtige Unternehmen ließ er für seine Frau, die Schauspielerin Flora Rosner, zum Theater umbauen, das bankrott ging. Ungebrochen zog der Pleitier in Berlin eine Zeitung amerikanischen Stils auf, durch die er zum größten Verleger Deutschlands wurde. Zu seinem Imperium gehörten ein halbes Dutzend großer Zeitungen und Zeitschriften, eine Bücherfabrikation und das Beinahemonopol für Adreßbücher. Seine unterdessen unheilbar lungenkrank gewordene Frau bekam von ihm die teuersten Modellkleider der Welt, die sie auf ihren täglichen Fahrten durch das kaiserliche Berlin trug, in einer vergoldeten Kutsche, wie es im Lande keine wertvollere gab. Nach ihrem Tode war der Zeitungszar lange Zeit hochgradig menschenscheu. Er leitete seine tausend Angestellten schriftlich, betrat und verließ das Verlagsgebäude durch ein eigens für ihn nachträglich geschaffenes Portal und ließ, wenn er die Toilette aufsuchte, zuvor den Etagenflur absperren.

Kitty Schmidt, Charlottenburg, Giesebrechtstraße 11

Katharina (genannt Kitty) Zammit, geborene Schmidt, war die Diskretion in Person, eine Zierde ihres Metiers. Auch nach 1945 fiel ihrerseits kein Wort zu dem, was gewiefte Reporter ans Tageslicht förderten: Ihre „Pension Schmidt", das nach Pariser Vorbild geführte galante Etablissement, stadtbekannt als „Salon Kitty", war während der NS-Herrschaft ein Spionagenest des „Reichssicherheitshauptamtes". Hier entlockten zu perfekten Agentinnen ausgebildete, aufregend schöne Frauen den Gästen, Diplomaten vieler Nationen, unzählige Staatsgeheimnisse. Die Wände des im dritten Stock der Giesebrechtstraße 11 gelegenen „Salons Kitty" waren mit Mikrofonen gespickt. Im niemand zugänglichen Hauskeller befand sich die rund um die Uhr betriebene Abhörzentrale. Jedes in der dritten Etage geführte Gespräch wurde im Souterrain auf Schallplatten verewigt und zur Auswertung an die Prinz-Albrecht-Straße gegeben. Die schweigsame Patronin äußerte sich selbstverständlich auch nicht zu ihrer Vermögenslage, den zwischen 1922 und 1942 gescheffelten Berliner Millionen, sicher angelegt im Ausland, exakt bei der Bank von England. Ebenso stumm blieb Frau Kitty über ihre Jahre zwischen 1900 und 1921, als ihre Kurtisanenjagdgründe Cannes, Monte Carlo, Nizza, Karlsbad und Bombay waren.

Friedrich Schröder-Sonnenstern, Wittenau, Oranienburger Straße 285

Die Zarentochter Anastasia und er führen die Liste berühmter Patienten Wittenaus („Karl-Bonhoeffer-Heilstätten“) an. Als man ihn hier 1968 einlieferte, hingen die Bilder des Neuzugangs (verwahrloster Alkoholiker) bei großen Kunstsammlern (Baronin Rothschild, Bankier Dreyfuß, Staatschef Pompidou). Maler wurde Friedrich Schröder-Sonnenstern erst mit 58 Jahren, lange geblieben ist er es nicht („Ich habe spät angefangen und dafür früh aufgehört“). 1967 endete seine Malerkarriere. Das Leben des 1892 in Kuckerneese Geborenen verlief von Beginn an ungewöhnlich. Schon als Zehnjähriger war er Alkoholiker. Zwischen seinem 14. und 16. Lebensjahr saß er wegen Diebstahls und Landstreicherei in einer Erziehungsanstalt. Es folgten abgebrochene Lehren als Gärtner und Meier, erneute Aufenthalte in Besserungsanstalten und die erste, auf ein halbes Jahr befristete, Unterbringung in einer Irrenanstalt. Ab 1919 lebte Friedrich Schröder-Sonnenstern in Berlin, gründete hier eine mehrtausendköpfige Sekte, die ihn „Eliot, der Sonnenkönig“ nannte, und blieb 10 Jahre lang ihr Oberhaupt. Dann betrieb der Stadtbekannte zugleich gewerbsmäßig Heilkunde, Astrologie und Filmproduktion. Er machte sich in allen drei Metiers strafbar (Kurpfuscherei, Hochstapelei und Betrug) und verschwand bis zum Ende des Dritten Reiches in Haft- und Irrenanstalten.

Selbstmordmaschine, Charlottenburg, Kantstraße 85

Ihre Bauzeit betrug 12 Monate, betrieben wurde sie einmal, dann war die Selbstmordmaschine der Publikumsmagnet des Berliner Kriminalmuseums. Sie hatte 1929 perfekt funktioniert in der Charlottenburger Wohnung ihres Erfinders (in der dritten Etage eines gutbürgerlichen Mietshauses). Ein Fallschwert schlug den Kopf des makabren Erfinders vom Rumpf, und der rollte in den dabeistehenden Behälter voller Salzsäure. Zugleich wurde mechanisch die den Raum durchquerende Gasleitung geöffnet. Diesen Kriminalfall nahm Käpten Bilbo als *den* Berliner Beitrag in sein letztes Buch, „Das geheime Kabinett der sonderbaren und grausenvollen Geschichten" (1965) auf. Jack Bilbo war Abenteurer, Schriftsteller und Maler. Der 1907 als Sohn des jüdischen Millionärs Baruch Geborene lief mit 14 Jahren von zu Hause fort. Der von seinem Vater herausgegebene Steckbrief, „5000 Mark demjenigen, der den Aufenthaltsort des Flüchtigen nennt, bzw. ihn heimbringt zum Kurfürstendamm 61", blieb fruchtlos. Der Ausreißer Hugo nannte sich fortan Jack Bilbo, wurde Schiffsjunge, musterte in Amerika ab und jobbte nacheinander als Tellerwäscher, Reporter, Kostümausstatter, Leibwächter bei Al Capone, Teppichhändler, Potenzcremehersteller, Clown und Verleger. Dann kehrte Jack Bilbo nach Deutschland zurück, etablierte sich als Schriftsteller, der 1933 in die Emigration gehen mußte. Ende der fünfziger Jahre nahm er abermals Domizil in Berlin.

Renée Sintenis, Friedenau, Renée-Sintenis-Platz

Berlin und diese Bildhauerin mochten sich lebenslang. Ausgenommen die Hitlerära, da mutmaßten die Nazis, daß die Sintenis nicht „rein arisch“ sei, und sie hielt es für unter ihrer Würde, den Gegenbeweis anzutreten. Die gebürtige Schlesierin hatte an der „Berliner Kunstgewerbeschule“ studiert, war nach der Ausbildung in Paris ansässig geworden und ist dann nach Berlin für immer zurückgekehrt. Hier errang sie schnell Geltung und Freunde fürs Leben, wie den Dichter, Vortragskünstler und Maler Joachim Ringelnatz und dessen Frau „Muschelkalk“. Im tausendjährigen Reich ging es der Sintenis schlecht: Die Nazis schwiegen sie tot, ihr Mann, der Maler-Professor Rudolf Emil Weiss, mit dem sie seit 1917 verheiratet war, starb, sie verlor durch eine Phosphorvergiftung den rechten Zeigefinger. Das neue Berlin ernannte sie 1947 zur Professorin der „Hochschule für Bildende Künste Berlin“, im Jahr darauf ging der „Berliner Kunstpreis“ an sie, 1952 erfolgte die Mitgliedschaft des „Pour le mérite“ in der Friedensklasse, und 1953 erhielt sie das „Bundesverdienstkreuz“. Renée Sintenis' bekanntestes Werk ist der am Zehlendorfer Kleeblatt aufgestellte Berliner Bär, von dem viele Kopien an Deutschlands Autobahnen stehen. Die Bildhauerin hat auch als Illustratorin gearbeitet und Mappenwerke geschaffen.

Soraya, Halensee, Nestorstraße 12

Die ersten 25 Lebensjahre der Soraya sind ein Wirklichkeit gewordenes Märchen aus Tausendundeiner Nacht, das in Berlin seinen Anfang nahm. Hierher hatte die russische Revolution ihre deutschstämmige Mutter Eva aus Sankt Petersburg verschlagen. Ende der zwanziger Jahre verliebte sich Fräulein Eva in den an der Technischen Hochschule Charlottenburg studierenden Perser Khalil Esfandiary. Die beiden heirateten auf dem Standesamt Berlin-Wilmersdorf und zogen nach Isfahan. Dort wurde ihnen in einer Nacht des Jahres 1932, als am orientalischen Himmel sieben Sterne standen, das erste Kind, Soraya (Siebengestirn), geboren. Die junge Familie kehrte 1933 nach Berlin zurück und nahm in der Nestorstraße Wohnung. Bis 1937 spielte der süße Fratz mit dem schwarzen Wuschelkopf, der Raya gerufen wurde, perfekt berlinernd auf den Charlottenburger Straßen mit Murmeln. Wieder in Persien lebend, besuchte Soraya Schweizer und englische Pensionate. Ein zu dieser Zeit entstandenes Foto, den bildschönen smaragdäugigen Teenager als Skihaserl zeigend, gelangte auf den Schreibtisch des soeben von der Schwester des ägyptischen Königs Faruk geschiedenen Schahs von Persien, Mohammed Reza Pahlewi. Der Monarch holte Soraya an den Hof, verlobte sich mit ihr im Oktober 1950, am 12. Februar 1951 fand die Hochzeit statt. Im verflixten siebenten Jahr, 1958, annullierte der Schah diese Ehe wegen Kinderlosigkeit.

Richard Sorge, Lichterfelde, Ringstraße 2

Ein Berliner war der erste Weiße, an dem die Japaner ein Todesurteil vollstreckt haben. In Tokio wurde am 27. Jahrestag der russischen Oktoberrevolution Dr. Richard Sorge gehängt. Das Datum der Hinrichtung hatten Nippons Juristen bewußt auf den 7. November 1944 festgesetzt. Schließlich handelte es sich bei dem Verurteilten um Stalins erfolgreichsten Spion. Den Lebenslauf des als Korrespondenten der „Frankfurter Zeitung" getarnten Meisteragenten stellte der japanische Geheimdienst auf: Richard Sorge wurde am 4. Oktober 1895 als Sohn einer russischen Mutter und eines deutschen Vaters in Adschiked/Südrußland geboren. 1898 siedelte die Familie nach Deutschland über. Richard besuchte die Schule in Lichterfelde, Ringstraße, die für seinen Wohnort Lankwitz (Mozartstraße 25/27) zuständig war. Am Ersten Weltkrieg nahm er freiwillig teil. 1917, als Kriegsbeschädigter entlassen, besuchte Sorge die Universität und wurde Mitglied der USPD. In die KPD trat er 1919 ein. Ab 1920 arbeitete Sorge als Journalist und im Untergrund für seine Partei. Von 1924 bis 1927 erfolgte seine Ausbildung in der Moskauer Komintern-Zentrale. Sie schickte den Vielsprachigen (Deutsch, Russisch, Englisch, Chinesisch und Japanisch) 1929 nach China und 1939 nach Tokio. Von dort funkte er im Frühjahr 1939 dem Kreml, daß Hitler am 1. September 1939 Polen angreifen würde. Und als Deutschland im Juni 1941 der UdSSR den Krieg erklärte, war den Russen dieser Termin schon seit April durch ihren Mann in Tokio bekannt.

B. Traven, Mitte, Veteranenstraße 7

Am 29. März 1969 wurde aus einem über Chiapas (Mexiko) kreisenden Flugzeug die Asche des drei Tage zuvor verstorbenen Autors B. Traven verstreut. So wollte es der große Geheimnisvolle seiner Zunft, von dem es 17 Bücher gibt, erschienen zwischen 1926 und 1960 in 25 Millionen Exemplaren. Drei Jahrzehnte lang war nicht herauszubringen, wer sich hinter dem Pseudonym B. Traven verborgen hielt. Daran änderte auch nichts die von einer amerikanischen Zeitschrift ausgesetzte Belohnung zur Entlarvung des „Totenschiff"-Verfassers. Erst Mitte der sechziger Jahre konnten zwei getrennt voneinander forschende Deutsche das Rätsel B. Traven lösen. Der Leipziger Professor Rolf Recknagel und der Hamburger Reporter Gerd Heidemann ermittelten: B. Traven ist identisch mit dem Tänzer und Schauspieler Ret Marut, der 1910 in Berlin-Mitte wohnte. Marut zog 1915 nach München, wo er als freier Schriftsteller lebte und das Blatt „Der Ziegelbrenner" herausgab. Man verhaftete ihn 1919 und klagte Marut des Hochverrats an. Er konnte flüchten und lebte zwischen 1920 und 1921 im Untergrund. Der steckbrieflich Gesuchte tauchte 1923, sich Traven Torsvan und Hal Croves nennend, im Tampico auf. 1926 erschien sein in der Ich-Form geschriebenes erstes Buch, „Das Totenschiff". Nicht herauszufinden war, für welchen Vornamen das „B" steht.

Christine Freifrau von Trümbach, Wilmersdorf, Pfalzburger Straße 84

Dem „Buchhalter des Todes", Adolf Eichmann, hat die Baronin so manches seiner Opfer abgeschmeichelt. Der charmanten Filmschönheit, die einen Platz in der oberen Berliner Gesellschaft der dreißiger Jahre einnahm, gelang es des öfteren, den Leiter des Judenreferats im Reichssicherheitshauptamt für Minuten zu umgarnen. Christine Freifrau von Trümbach stand während des Dritten Reiches immer auf der Seite der Menschlichkeit. Unter Einsatz aller ihr zur Verfügung stehenden Mittel, Attraktivität, Geld und Verbindungen, rettete sie über 100 jüdischen Mitbürgern das Leben. Zuerst gewann die schöne „Kiki" als Verbündeten einen namhaften Berliner Rechtsanwalt. Dann errang sie die Sympathie des zuständigen Gestapokommissars, der sie dem ehemaligen Handelsvertreter und Vollstrecker der „Endlösung der Judenfrage", Eichmann, zuführte. Christine Freifrau von Trümbach hat ihr ein Jahrzehnt unter ständiger Lebensgefahr vollbrachtes Engagement „arm wie eine Kirchenmaus" werden lassen. Der Berliner Senat zahlte der „unbesungenen Heldin unserer Stadt" einen Mini-Ehrensold in Höhe von 150 Mark monatlich. Als sie, die mit der Dankbarkeit der von ihr Geretteten nie spekuliert hatte, im Sommer 1979, unterdessen so alt wie dieses Jahrhundert, daranging, ihr Leben aufzuschreiben, ist sie über dieser Arbeit gestorben.

Wilhelm Voigt, Wedding, Sylter Straße

Am 16. Oktober 1906 erschienen Extrablätter von Berliner Zeitungen. Sie meldeten: *„Der Hauptmann von Köpenick!* Heute ist ein Gauner in eine Gardeoffiziersuniform geschlüpft. Er hat auf der Sylter Straße zu Wedding 12 Soldaten angehalten und unter seinen Befehl gestellt. Mit ihnen ist er per Eisenbahn nach Köpenick gereist, hat das dortige Rathaus besetzt, den Bürgermeister verhaftet und die Amtskasse beschlagnahmt. Es gelang dem falschen Hauptmann, die Stadt vom Bahnhof aus allein mit unbekanntem Ziel zu verlassen." Der Täter, der sich nach einiger Zeit der Polizei stellte, hieß Wilhelm Voigt und war von Beruf Schuhmacher und Maschinist. Er hatte am 1. August 1906 als „Aftermieter" Wohnung bezogen bei seiner Schwester in Rixdorf, dem heutigen Berliner Bezirk Neukölln. Der einer geregelten Arbeit nachgehende 57jährige war nach drei Wochen wegen etlicher Vorstrafen polizeilich als „eine für die Sicherheit und Moralität gefährliche Person" ausgewiesen worden. Wilhelm Voigt war im Berliner Untergrund verschwunden, darauf hoffend, an „saubere" Personalpapiere zu gelangen. Die erbeutete er bei seiner „Köpenickiade" nicht — es befanden sich keine im Rathaus. Nach verbüßter Haft zog er wieder die Hauptmannsuniform an, um sich nun für Geld sehen zu lassen. Mit dieser Schaustellernummer wurde Wilhelm Voigt ein vermögender Mann.

Otto Witte, Wittenau, Kopenhagener Straße 72

Fünf Tage lang war er König von Albanien, zeitlebens stand das in seinen Ausweispapieren. Die Eintragung „Otto Witte, Exkönig Halim-Eddin“ setzte er im deutschen Kaiserreich, in der Republik und auch in der Diktatur durch. Witte hatte achtjährig die Schule verlassen und war als Schaustellergehilfe kreuz und quer durch Deutschland gezogen. Er wurde dann Zauberkünstler, Mitglied einer Wanderbühne, Feuerschlucker und Tierfänger in Afrika. Im Schwarzen Erdteil mißglückte ihm die Entführung der Tochter des abessinischen Herrschers Menelik II. Er kam in den Kerker, brach aus und trat der Fremdenlegion bei. Witte desertierte prompt, streifte durch Südamerika und machte dann Karriere in der Türkei. 1913 quittierte er innerhalb einer Stunde den Dienst als Major der türkischen Spionageabwehr, um sich in ein phantastisches Abenteuer zu stürzen. Aus einer Geheimakte wußte er, daß das soeben unabhängig gewordene Albanien den Türkenprinzen Halim-Eddin zum König krönen würde. Witte, der dem künftigen Herrscher ähnlich sah, brach in Begleitung eines Kameraden nach Durazzo auf. Unterwegs wurden farbenprächtige Uniformen erstanden und telegrafisch die Ankunft gemeldet. Alles lief wie am Schnürchen, der Schwindler wurde proklamiert. Als fünf Tage später der richtige Halim-Eddin eintraf, flüchtete Witte, als Bettler verkleidet, seinem Harem echt nachtrauernd. Ab 1918 lebte der Abenteurer vornehmlich in Berlin, wo er sich seinen Lebensunterhalt als Abdecker, Schausteller, Gründer einer Mittelstandspartei, Obstplantagenbesitzer und Hausierer verdiente.

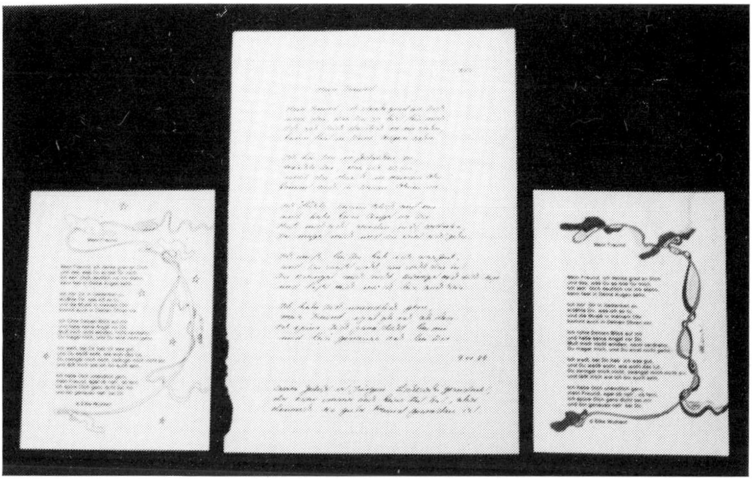

Elke Wuhlert, Wilmersdorf, Wallenbergstraße 4

Sie ist von gewinnender Art, liebt Tausendschönchen und Meerschweinchen und träumt davon, eines Tages stinknormal zu werden. Ihren Namen, Elke Wuhlert, hat sie gegen kein interessant klingendes Pseudonym ausgetauscht. Pompös benannt wurde — „ein Unterschied muß sein" — ihr Meerschweinchen Nicola-Geraldine-Sabrina. Seit einem halben Jahrzehnt lebt die in Berlin-Lankwitz geborene Wilmersdorferin für und von Gedichten. Elke Wuhlert ist eine Lyrikerin, wie es keine zweite gibt. Alle bisher an sie herangetretenen Verleger erhielten Abfuhren. Ihre schönen Gedichte, die zum Beispiel „18, endlich 18", „Depressionen", „Fahrplan", „Schorf", „Sommerlachen", „Zeit", „Mein Freund", „Guten Morgen" heißen, existieren nicht in Buchform. Die Vervielfältigung ihres ständig wachsenden Werkes besorgt Elke Wuhlert selbst. Die Gedichte werden auf zartfarbenem Papier abgezogen und von Hand mit jugendstilartigem, farbigem Randschmuck versehen. Zu erwerben sind die Blätter direkt bei der Poetin zum Stückpreis von 20 Mark. Man geht unter vorheriger telefonischer Anmeldung (0 30-8 22 69 93) in die im dritten Stock der Wallenbergstraße gelegene Gedichtewerkstatt oder sommers, zur Zeit des „Gauklerfestes", zu ihrem vor dem *Hotel Steigenberger* befindlichen Stand (Los-Angeles-Platz), winters, während des Weihnachtsmarktes, zu Elke Wuhlerts Bude am Fuße der Gedächtniskirche.

Zirkusdynastien-Friedhof, Wedding, Liesenstraße 9

Sie waren beliebt, berühmt und betucht, die drei deutschen großen Zirkusfamilien Renz, Schumann und Busch. Von Berlin aus, dem Stammsitz ihrer Unternehmen, beeinflußten sie maßgeblich das internationale Zirkusgeschehen. Und in Berlin, auf dem Kirchhof der Dorotheenstädtischen Gemeinde, fanden alle drei ihre letzten Ruhestätten. Die Renz, deren Familienoberhaupt der Zirkuskönig Ernst Jacob ist. Der 1814 in Böckingen bei Heilbronn Geborene arbeitete seit seinem vierten Lebensjahr als Seiltänzer. Während seines langen, erfolgreichen Lebens, er starb 1892, setzte er Maßstäbe als Akrobat, Athlet, Seilläufer, Kunstreiter, Pferdedresseur und Zirkusprinzipal. Er brachte es zu vier festen Zirkuspalästen, die in Berlin, Breslau, Hamburg und Wien standen. Vom Kaiser wurde Ernst Jacob Renz zum Königlichen Commissionsrath ernannt. Er starb als 15facher Goldmarkmillionär und Analphabet. Zeit zum Erlernen des Lesens und Schreibens hat er nie gehabt. Und die Schumanns, Wahlberliner wie die Renz und Busch, die als Zirkuseigner mit Albert (1858—1939), dem Sohn des legendären Jongleurs zu Pferde und Schulreiters Gotthold Schumann, anfingen. Sie betrieben neben dem festen Berliner Bau den ersten bedeutenden Reisezirkus Europas. Die Dynastie Busch, die sich sogar ein Mausoleum errichten ließ, wird auf der Seite 10 dieses Buches behandelt.

Chronik Lankwitz 1239 – 1989

160 Seiten, 40 Bilder und Fotos, gedruckt auf säurefreiem Papier (läßt sich noch nach Jahrhunderten aufschlagen, ansehen und lesen), Doppelband Nr. 5/6 der Reihe VORABDRUCK, ISBN 3-926578-19-X, 3. Auflage, DM 19,80.

Die zwei Damen und die sechs Herren des ARBEITSKREISES HISTORISCHES LANKWITZ haben das vom legendären Gemeindelehrer Paul Hiller verfaßte, bis zum Jahre 1927 gehende, unveröffentlichte HEIMATBUCH VON LANKWITZ aufgestöbert und weitergeschrieben bis zum 750jährigen Jubiläum ihres Wohnortes 1989.

Chronik Tempelhof *von Günter Wollschlaeger*

Band I: Das Tempelhofer Feld mit der Geschichte des Fliegens, 97 S., ISBN 3-926578-13-0, DM 9,80.
Band II: Die Ortsgeschichte mit dem Werdegang des deutschen Films, 123 S., ISBN 3-926578-15-7, DM 9,80
Band III: Raritäten und Novitäten = Bilder, Karten und Pläne (68 Motive) aus der Sammlung Hans-Ulrich Schulz, auf Kunstdruckpapier, ISBN 3-926578-17-3, DM 9,80.

Nachdem es jahrzehntelang keine Chronik von Tempelhof gegeben hat, überrascht nun der bekannte Berliner Historiker Günter Wollschlaeger vom VEREIN FÜR DIE GESCHICHTE BERLINS mit diesem dreibändigen, symphatisch preiwerten Werk, der Beschreibung eines allseits unterschätzten Berliner Bezirks.

Chronik Friedenau

von Günter Wollschlaeger

103 Seiten, 20 Bilder und Fotos, auf 1000 Exemplare begrenzte Erstausgabe, Format 17,5 x 24,5 cm, ISBN 3-926578-02-5, DM 42,-.
Den 111jährigen Werdegang der Gemeinde Friedenau hat der dort lange Jahre lebende Autor, Vorstandsmitglied und Schriftführer des berühmten Vereins für die Geschichte Berlins, penibel erforscht und niedergeschrieben.
Und das lückenlos von A wie Alltag bis Z wie Zeitungswesen.

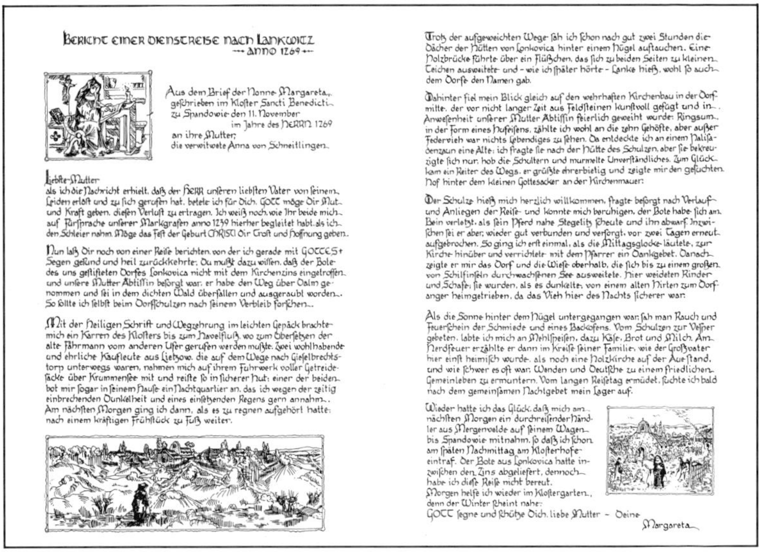

BERICHT EINER DIENSTREISE NACH LANKWITZ
— ANNO 1269 —

Aus dem Brief der Nonne Margareta, geschrieben im Kloster Sancti Benedicti zu Spandowie den 11. November im Jahre des HERRN 1269 an ihre Mutter, die verwitwete Anna von Schneitlingen.

Liebste Mutter
als ich die Nachricht erhielt, daß der HERR unseren liebsten Vater von seinem Leiden erlöst und zu sich gerufen hat, betete ich für Dich. GOTT möge Dir Mut und Kraft geben, diesen Verlust zu ertragen. Ich weiß noch, wie Ihr beide mich auf Fürsprache unserer Markgrafen anno 1239 hierher begleitet habt, als ich den Schleier nahm. Möge das Fest der Geburt CHRISTI Dir Trost und Hoffnung geben.

Nun laß Dir noch von einer Reise berichten, von der ich gerade mit GOTTES Segen gesund und heil zurückkehrte. Du mußt dazu wissen, daß der Bote des uns gestifteten Dorfes Lonkovica nicht mit dem Kirchenzins eingetroffen und unsere Mutter Äbtissin besorgt war: er habe den Weg über Dalm genommen und sei in dem dichten Wald überfallen und ausgeraubt worden. So sollte ich selbst beim Dorfschulzen nach seinem Verbleib forschen.

Mit der Heiligen Schrift und Wegzehrung im leichten Gepäck brachte mich ein Karren des Klosters bis zum Havelfluß, wo zum Übersetzen der alte Fährmann vom anderen Ufer gerufen werden mußte. Zwei wohlhabende und ehrliche Kaufleute aus Lietzowe, die auf dem Wege nach Gieselbrechtstorp unterwegs waren, nahmen mich auf ihrem Fuhrwerk voller Getreidesäcke über Krummensee mit und reiste so in sicherer Hut; einer der beiden bot mir sogar in seinem Hause ein Nachtquartier an, das ich wegen der zeitig einbrechenden Dunkelheit und eines einsetzenden Regens gern annahm. Am nächsten Morgen ging ich dann, als es zu regnen aufgehört hatte, nach einem kräftigen Frühstück zu Fuß weiter.

Trotz der aufgeweichten Wege sah ich schon nach gut zwei Stunden die Dächer der Hütten von Lonkovica hinter einem Hügel auftauchen. Eine Holzbrücke führte über ein Flüßchen, das sich zu beiden Seiten zu kleinen Teichen ausweitete und – wie ich später hörte – Lanke hieß, wohl so auch dem Dorfe den Namen gab.

Dahinter fiel mein Blick gleich auf den wehrhaften Kirchenbau in der Dorfmitte, der vor nicht langer Zeit aus Feldsteinen kunstvoll gefügt und in Anwesenheit unserer Mutter Äbtissin feierlich geweiht wurde. Ringsum, in der Form eines Hufeisens, zählte ich wohl an die zehn Gehöfte, aber außer Federvieh war nichts Lebendiges zu sehen. Da entdeckte ich an einem Palisadenzaun eine Alte; ich fragte sie nach der Hütte des Schulzen, aber sie bekreuzigte sich nur, hob die Schultern und murmelte Unverständliches. Zum Glück kam ein Reiter des Wegs, er grüßte ehrerbietig und zeigte mir den gesuchten Hof hinter dem kleinen Gottesacker an der Kirchenmauer.

Der Schulze hieß mich herzlich willkommen, fragte besorgt nach Verlauf und Anliegen der Reise und konnte mich beruhigen, der Bote habe sich am Bein verletzt, als sein Pferd nahe Stegelitz scheute und ihn abwarf. Inzwischen sei er aber, wieder gut verbunden und versorgt, vor zwei Tagen erneut aufgebrochen. So ging ich erst einmal, als die Mittagsglocke läutete, zur Kirche hinüber und verrichtete mit dem Pfarrer ein Dankgebet. Danach zeigte er mir das Dorf und die Wiese oberhalb, die sich bis zu einem großen von Schilfinseln durchwachsenen See ausweitete. Hier weideten Rinder und Schafe; sie wurden, als es dunkelte, von einem alten Hirten zum Dorfanger heimgetrieben, da das Vieh hier des Nachts sicherer war.

Als die Sonne hinter dem Hügel untergegangen war, sah man Rauch und Feuerschein der Schmiede und eines Backofens. Vom Schulzen zur Vesper gebeten, labte ich mich an Mehlspeisen, dazu Käse, Brot und Milch. Am Herdfeuer erzählte er dann im Kreise seiner Familie, wie der Großvater hier einst heimisch wurde, als noch eine Holzkirche auf der Aue stand, und wie schwer es oft war, Wenden und Deutsche zu einem friedlichen Gemeinleben zu ermuntern. Vom langen Reisetag ermüdet, suchte ich bald nach dem gemeinsamen Nachtgebet mein Lager auf.

Wieder hatte ich das Glück, daß mich am nächsten Morgen ein durchreisender Händler aus Mergenvelde auf seinem Wagen bis Spandowie mitnahm, so daß ich schon am späten Nachmittag am Klosterhofe eintraf. Der Bote aus Lonkovica hatte inzwischen den Zins abgeliefert, dennoch habe ich diese Reise nicht bereut.
Morgen helfe ich wieder im Klostergarten, denn der Winter scheint nahe.
GOTT segne und schütze Dich, liebe Mutter – Deine
Margareta

Der Nonnenbrief

Bericht einer Dienstreise nach Lankwitz anno 1269
Schrift, Skizzen und Text von Heinz Becker
Format 68 x 48 cm, verpackt im Karton, DM 10,-

Dieses Kleinod schuf der in Lankwitz domizilierende Künstler Heinz Becker anläßlich des 750jährigen Geburtstages seines Wohnortes in einer Auflage von 1000 Exemplaren.

Däumlings Abenteuer

Erster farbiger FALT-COMIC von Heinz-Helge Schulze

20 Folgen patent gefaltet mit Leporelloeffekt, in Berlin erfunden,, ISBN 3-926578-16-5, DM 4,80.

Ein Waldabenteuer, dessen Mitwirkende Biene, Bäumling, Dachshund, Eichelhäher, Flußschwalbe, Goldammer, Hase, Hecht, Heidemeise, Heuschrecke, Hummel Igel, Junikäfer, Kaulquappe, Lindwurm, Maulwurf, Rotfuchs, Saatkrähe, Schnecke, Schwalbenschwanz, Tagpfauenauge, Waldmaus, Wasserfrosch, Wespe, Wildschwein sind.

eberhard brucks FARBIGE ORIGINAL-GRAFIK zu E. T. A. HOFFMANN,

Mappe mit 8 handaquarellierten und signierten, auf Karton montierten Lithographien. Letzte große Arbeit des Meisters, schönes Beispiel zeitgenössisch-künstlerischer E. T. A. Hoffmann-Adaption. 150 Exemplare in numerierter einmaliger Auflage, DM 580,-. Blatt-Titel:

(1) E. T. A. Hoffmann mit Amtshut
(2) Die Vision/Elixiere des Teufels
(3) Die Brautwahl
(4) Kreisleriana
(5) Aurelie/Elexiere des Teufels
(6) Die Jesuitenkirche in G.
(7) Wahnsinnsmedardus/Elexiere des Teufels
(8) Euphemie/Elexiere des Teufels

Berlin in einem Satz

dem längsten deutschsprachigen, der je geschrieben wurde, bestehend aus 6.118 Wörtern, 78 Bindestrichen, 168 Gänsefüßen, 26 Gleichheitszeichen, 15 Semikolons, 148 Klammerpaaren, 1.190 Kommata, 1 Ausrufezeichen, 1 Fragezeichen und 1 Schlußpunkt.

WORT & BILD · SPECIALS
Hans Peter Heinicke
1000 Berlin 65

Ein Buch zum Preis einer besseren Grußkarte:

Berlin in einem Satz

»Dieser eine Satz, eingebunden zwischen zwei knallgelbe Buchdeckel, bestehend aus dem längsten deutschsprachigen Satz, der je geschrieben wurde, ist mit seinen 59 Seiten das originellste und preiswerteste unter den 1400 lieferbaren Berlintiteln« = SENDER FREIES BERLIN.
Querformat, läßt sich ohne Umschlag mit der Post versenden (aufgedrucktes Adressenfeld), Format 21 x 10,5 cm, ISBN 3-926578-14-9, das Geschenkchen par excellence, nur DM 4,80.

Präsentversion BERLIN IN EINEM SATZ, montiert auf eine farbige, in Originalgröße reproduzierte Bärentatze, Format 36 x 20 cm.
Tatzsächlich nur DM 6,80.

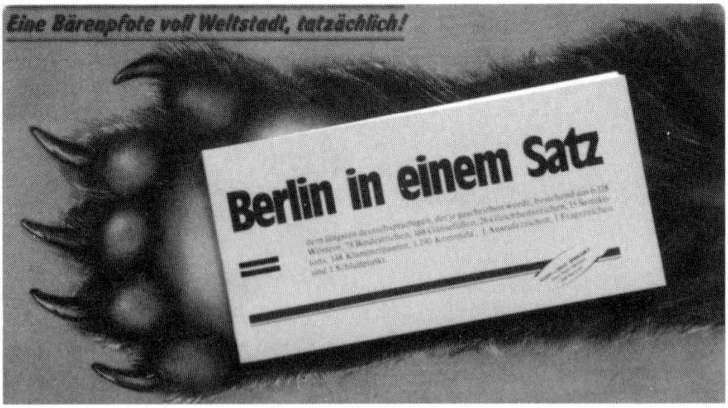

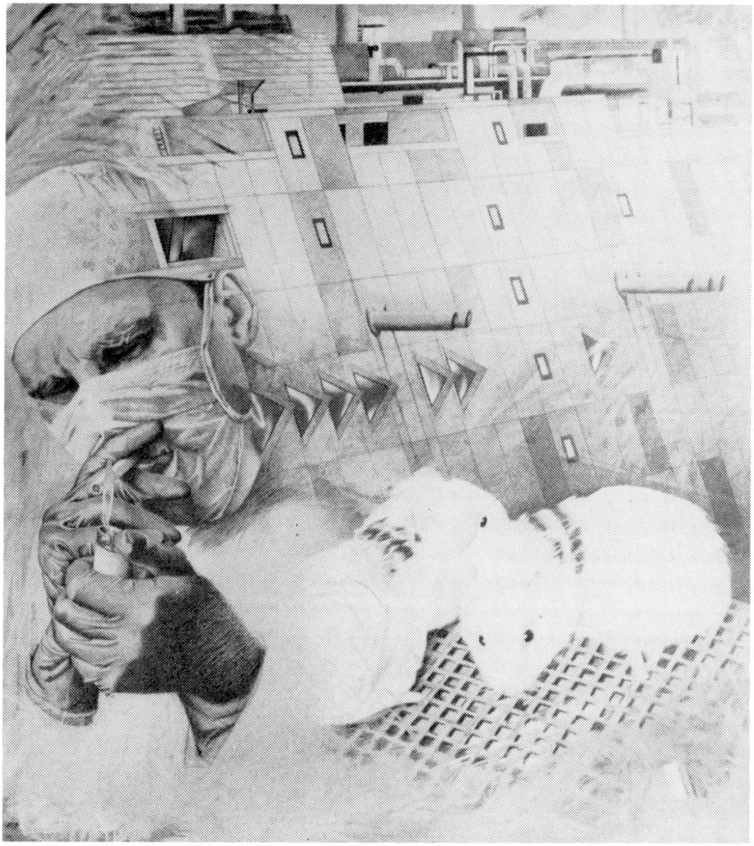

Tierversuchsgegner Berlin e. V.

1000 Berlin 12, Bismarckstraße 3–4 Telefon: ∅ (0 30) 3 41 80 43

Berlins unheimliche Sehenswürdigkeiten

WORT- & BILD-SPECIALS
Hans Peter Heinicke
1000 Berlin 45

DER
BUCHZWILLING
NR. 2

Umschlag:
Reinhard Fuchs, 1000 Berlin 51 und 45

ISBN 3-926578-20-3

Gedruckt auf säurefreiem
(alterungsbeständigem) Papier.

BERLINS UNHEIMLICHE SEHENSWÜRDIGKEITEN — das sind Orte, Namen und Begebenheiten, in denen sich die abgründigen Seiten der Stadt, ihrer Geschichte und ihrer Menschen spiegeln. Es waren oder sind Mörder, Berufsverbrecher, Henker, NS-Blutrichter; Fixer, Findelkinder, Scheintote, Leichenbestatter; Selbstmörder, Geheimdienstler und „Gänseblümchen“, die Agentin; des „Teufels General“, ein Polizeipräsident, der im Duell umkommt, und ein Polizeifeuerwerker, der 25 Dienstjahre überlebt.

Wir finden sie u. a. in Mietwohnungen und Villen, auf der S-Bahn, am Kottbusser Tor und am Wannsee, an der Havelchaussee und auf der Glienicker Brücke; auf Friedhöfen, unterm Kirschbaum, auf einer Kellertreppe am Wedding, in einem verlassenen Spionagetunnel, aber auch in der Abhörstation auf dem Teufelsberg.

Zu den unheimlichen Sehenswürdigkeiten Berlins zählen ebenfalls Schauplätze von Unglücken, Flugzeugabstürzen und Flüchtlingstragödien; der Hof, wo Benno Ohnesorg erschossen wurde, und das Gefängnis, wo sechs Häftlinge am Silvesterabend 1983 verbrannten. Wir werfen einen Blick auf Kriminalmuseen, die Asche des Magiers und Robert Koch in seinem Mausoleum, auf die Leichenschauhäuser in Ost und West, den Schlachthof und „Mäusebunker“, den geplanten Erdgasspeicher unter dem Grunewald und Atomanlagen. Auf den Spuren der NS-Zeit kommen wir zu den Stätten der Bücherverbrennung und der Euthanasieverbrechen, zu „wilden KZs“ und anderen Orten des Nazi-Terrors, zu Relikten von Hitlers Welthauptstadt „Germania“, zur Giftküche des großdeutschen Heeres und zu den Verliesen des Flakbunkers am Humboldthain. Das Versteck auf dem jüdischen Friedhof, die letzten Kriegsruinen der untergegangenen Reichshauptstadt, der Sowjetpanzer vor Dreilinden und die Mauer gehören ebenfalls dazu.

Beim Namen werden u. a. genannt: Stefanie Burgmann, Carl Ludwig von Hinkeldey, Paul Krantz, Elisabeth Kusian, Bruno Lüdke, „Mr. Quinn“, Gerhard Räbiger, Ernst Udet.

Mein besonderer Dank gilt der US Air Force Tempelhof, Public Affairs; Wolfgang Muth, Dr. Wilfried C. Reinicke, Christine Schröer, der Bibliothek des Bundesgesundheitsamtes, der Berlin-Abteilung der AGB, dem Landesarchiv sowie der Bibliothek und dem Pressearchiv des SFB. *ROLF STEINBERG*

Abhörstation Teufelsberg, Wilmersdorf, Teufelsseechaussee

„Freund hört mit“ nannte der „Spiegel“ seine Titelgeschichte über „Amerikas großes Ohr“, das gleichermaßen Feind wie Freund belauscht, so auch die Richtfunkstrecken und Telefonleitungen der Deutschen Bundespost. Gemeint war die größte und geheimste aller amerikanischen Geheimdienstorganisationen: die 1952 gegründete National Security Agency (NSA). Die stille Schwester der Central Intelligence Agency (CIA) beschäftigt sich weltweit mit elektronischer Auslandsaufklärung sowie mit Kryptographie, also dem Knacken fremder Geheimcodes und der Sicherung der eigenen. Eine ihrer vorgeschobenen Abhörstationen krönt den 115 m hohen Teufelsberg. Die futuristischen Aufbauten, die von weitem an die Kuppeln einer russischen Kathedrale oder die Pariser Sacre Coeur erinnern, sind fast schon zu einem Wahrzeichen West-Berlins geworden. Spaziergänger im Grunewald werden durch Verbotsschilder in respektvoller Distanz zu der Orwellschen Einrichtung gehalten. Hinter dem Zaun bekräftigen Wachposten mit geladenen Karabinern, daß sich Big Brother hier oben nicht in seine Spionagekarten gucken lassen will. Die Alliierten üben im Sperrgebiet auf dem Teufelsberg unbeschränkt wie 1945 ihre Besatzerrechte aus. Unlängst wurde die Sicherheitszone rundherum noch erweitert.

Abschiebegefängnis, Lichterfelde, Augustaplatz 7—8

Draußen feierte Berlin Silvester, in der „Abschiebe“ auf dem Polizeigelände am Augustaplatz passierte Schreckliches. Sechs Häftlinge, drei Tamilen, ein Libanese, ein Tunesier und ein staatenloser Palästinenser, keiner älter als 26, verbrannten in einer abgeschlossenen Zelle. Die trostlosen Haftbedingungen in dem Gefängnistrakt zu ebener Erde einer ehemaligen Kaserne waren schon öfter im Parlament zur Sprache gekommen. Geändert hatte sich nichts. „Wenn man da länger drinnen sitzen mußte, dann war das die Hölle.“ So faßte der SPD-Abgeordnete Barthel seine Eindrücke zusammen, nachdem sich 15 Häftlinge im Oktober 1982 gemeinsam strangulieren wollten. Am Silvesterabend 1983 schloß sich der Teufelskreis von Hoffnungslosigkeit und Gewalt. Zehn Häftlinge aus zwei benachbarten Zellen verabredeten eine Protestaktion. Um den verantwortlichen Innensenator Lummer (CDU) auf ihr deprimierendes Los aufmerksam zu machen, steckten sie aufgeschichtete Matratzen in Brand. Um 21.15 Uhr brach das Feuer aus. Ein Wachpolizist eilte mit dem Feuerlöscher herbei. Eine Zellentür konnte er noch aufkriegen, an die zweite kam er wegen der Qualm- und Hitzeentwicklung nicht mehr heran. Die sechs jungen Männer kamen elendig in den Flammen um. Giftige Rauchschwaden erstickten ihre Schreie.

Die Asche des Magiers A. K., Friedenau, Friedrich-Wilhelm-Platz 4

Wer Hellseher, Zauberkünstler und Illusionisten für ein besonders hintersinniges Völkchen hält, kann sich an den großen Al Koran aus Amerika und dessen Berliner Bewunderer Ted Lesley halten. Dieser Bühnenmagier aus Friedenau, dessen Tourneen ebenso nach Las Vegas wie aufs andere Spreeufer in den Friedrichstadtpalast führen, verdankt dem 1972 in den USA verstorbenen Meisterhellseher vielerlei Anregungen und Tricks für die eigene Show. Nahe fühlt sich Lesley seinem Mentor durch eine Reliquie, die er zusammen mit einigen Requisiten des Meisters in seinem Arbeitszimmer aufbewahrt: ein Fläschchen mit Asche des Verstorbenen. Manch pietätvoller Seele mag das makaber erscheinen, aber Al Koran, ein gebürtiger Engländer, wollte es so. Schon vor seiner Einäscherung in Chicago hatte er einen Freund beauftragt, sein Urnenkästchen in die alte Heimat zu überführen. Dort sollte er im Londoner Palladium, dann weltweit an allen früheren Wirkungsstätten ein Fläschchen Asche verstreuen. In Berlin hatte Al Koran nach dem Krieg US-Soldaten unterhalten. So gelangte auch ein Fläschchen zu Lesley, das für ihn die magische Nähe Al Korans symbolisiert und eine Quelle der Inspiration bedeutet. Friede seiner Asche!

Ballonflucht, Zehlendorf, Limastraße 9

Sein Todessturz aus einem selbstgebauten Fluchtballon erinnert an die Tragödie des Ikarus. Der 32jährige Diplomingenieur Winfried Freudenberg aus Ost-Berlin hatte sein Ziel längst erreicht, als er am 8. März 1989 morgens aus etwa 2000 Meter Höhe in die Tiefe fiel. Der zerschmetterte Körper wurde Stunden später in einem Gebüsch des Grundstücks Limastraße 9 am Zehlendorfer Waldsee entdeckt. Nicht weit weg hing die abgeschlaffte Ballonhülle in einem Baum. An einem Tragegestell fand man die Lederjacke des Mauerfliegers sowie Taschen mit Gepäck, darunter eine Box mit seinen liebsten Musikkassetten. Freudenbergs Personalausweis und Führerschein waren in der Nähe der Absturzstelle zu Boden geflattert. Die West-Berliner Polizei brauchte mehrere Tage, um das Drama zu rekonstruieren. Danach startete Freudenberg bei Tagesanbruch auf einem freien Feld im nordöstlichen Stadtteil Blankenburg; seinen 13 m hohen Kunststoffballon füllte er an einem Verteiler mit Stadtgas. Über Tegel warf er Ballast ab, jedoch trieb der Ballon weiter quer über West-Berlin hinweg in Richtung Süden zur DDR-Grenze. Nach fast drei Stunden in eisiger Höhe verließen den todesmutigen Flüchtling vermutlich die Kräfte, vielleicht geriet er auch in Panik. Was wirklich in den letzten Minuten dieser deutsch-deutschen Ikarus-Tragödie passierte, blieb sein Geheimnis.

Elli Barczatis, Köpenick, Rudower Straße 52

Ihr Tarnname war „Gänseblümchen". Bei der „Org", wie sich der spätere Bundesnachrichtendienst in seinen Anfangsjahren als „Organisation Gehlen" nannte, galt sie als Spitzenquelle, etwa vergleichbar mit dem Kanzleramtsspion Günter Guillaume für die östliche Seite. Elli Barczatis saß seit April 1950 im Vorzimmer der Macht. Für Otto Grotewohl, den Ministerpräsidenten des neugegründeten Sowjetzonen-Staates, tippte sie Briefe und Reden; Vorlagen für Sitzungen des Ministerrates, Briefe des sowjetischen Hochkommissars, Weisungen des SED-Politbüros und ähnliche vertrauliche Regierungspapiere gingen über ihren Schreibtisch. Nach einem Lehrgang auf der Verwaltungsakademie Babelsberg wurde „Gänseblümchen" im Juni 1953 zur Referentin der DDR-Regierungskanzlei befördert. Ihr Verlobter Karl Laurenz, über den Gehlens Agentenwerber die Chefsekretärin angeworben hatten, spielte den Kurier. Die Viermächte-Stadt war auf dem Höhepunkt des Kalten Krieges ein verschlungener Dschungel an der Front der geheimen Nachrichtendienste. Überläufer und Doppelagenten wechselten dutzendweise die Linien. So wurde die damals 44jährige Elli Barczatis am 4. März 1955 vom Ost-Berliner Staatssicherheitsdienst verhaftet. Das Oberste DDR-Gericht verurteilte sie zusammen mit Laurenz in einem Geheimprozeß zum Tode. Im Gefängnishof der Strafanstalt Frankfurt/Oder starb sie Anfang 1956 unter dem Fallbeil.

Der versunkene Bomber, Zehlendorf, Krumme Lanke

Augenzeugen sahen den viermotorigen Bomber über dem Grunewald brennend ins Wasser stürzen, es war während eines britischen Nachtangriffs am 30. Januar 1944. Kurz nach dem Krieg wurde ein toter englischer Flieger angeschwemmt. Ansonsten, so schien es, hatte die Krumme Lanke das Flugzeug spurlos verschluckt; erst im Sommer 1958 lokalisierten Sporttaucher die Absturzstelle unweit der Badewiese an der Fischerhüttenstraße. Ein Magnetschiff suchte den schlammigen Untergrund nach Munitions- und Trümmerresten ab; das Rätselraten um den Verbleib der anderen Besatzungsmitglieder und der Bombenlast ging weiter. 1971 förderte eine Bergungsaktion neben den Überresten des gefallenen Heckschützen einen Motor zutage, dessen Seriennummer endlich die Identifizierung der versunkenen Lancaster ermöglichte. Ergebnis: Fünf Mann von sieben Mann Besatzung hatten sich mit dem Fallschirm gerettet, die Bomben waren bereits ausgeklinkt. Damit erübrigten sich weitere Bergungsversuche; sie hatten das Bezirksamt bis dahin 370 000 Mark gekostet — ein teurer Umweg. Seit 1964 lag in einem britischen Fachbuch die maßgebliche Auskunft vor: Die Maschine gehörte zur 207. RAF-Staffel, die bei dem fraglichen Nachtangriff zwei Maschinen über der Reichshauptstadt verloren hatte. Die genaue Absturzstelle der anderen Lancaster ist nach wie vor unbekannt.

Karl-Bonhoeffer-Nervenklinik, Wittenau, Oranienburger Straße 285

Was sich in der Zeit des Nationalsozialismus hinter den Mauern der Wittenauer Heilstätten abgespielt hat, wurde von der Anstaltsleitung über drei Jahrzehnte hindurch vertuscht. Vom Direktor über Oberärzte, Ärzte, Schwestern und Pfleger war die gesamte Anstalt in die medizinischen Verbrechen des Dritten Reiches verwickelt. Juristische oder berufliche Nachteile erwuchsen keinem. 1980 hielt das größte psychiatrische Krankenhaus des Landes Berlin Rückschau auf seine hundertjährige Vergangenheit, die Jahre 1933 bis 1945 kamen in der offiziellen Festschrift nicht vor. Kein Kommentar zur Zwangssterilisation und Ermordung psychisch Kranker; kein Satz über jene 2013 Patienten, die von 1939 bis Ende 1944 zur „Vernichtung lebensunwerten Lebens“ in die Tötungsanstalt Meseritz-Obrawalde deportiert wurden; nicht ein Wort über die Kinderfachabteilung „Wiesengrund“ gegenüber dem Rathaus Wittenau, wo man behinderte „Reichsausschußkinder“ zu medizinischen Versuchen mißbrauchte und mindestens 95 von ihnen umbrachte. Erst unter einem neuen Direktor ging eine Arbeitsgruppe daran, die mörderische NS-Vergangenheit von „Bonnies Ranch“ anhand der angeblich verbrannten Akten aufzuarbeiten. Die Ergebnisse präsentierte sie unter dem Titel „Totgeschwiegen“ in einer erschütternden Ausstellung.

Bücherverbrennung, Mitte, Bebelplatz

Der Platz gegenüber der Linden-Universität war in Scheinwerferlicht getaucht. Marschmusik hallte durch die Nacht, während braununiformierte Studenten im Schein von Fackelträgern stapelweise Bücher ins Feuer warfen. Die rituelle Vernichtung von Werken „entarteter und jüdischer Literaten“ am Abend des 10. Mai 1933 bildete den Höhepunkt einer Aktion der Deutschen Studentenschaft „wider den undeutschen Geist“. In Leihbüchereien, Buchhandlungen und Bibliotheken hatte der völkische Verband politisch unerwünschte Fachliteratur und Belletristik eingesammelt. Die „schwarzen Listen“ umfaßten etwa 200 Verfasser, darunter fast die gesamte Elite der zeitgenössischen deutschsprachigen Literatur. Viele der verfemten Dichter waren bereits aus Hitler-Deutschland geflohen, als in den Universitätsstädten die Scheiterhaufen brannten; der größte loderte in Berlin auf dem damaligen Opernplatz, wo fanatisierte Hakenkreuzträger bei einer Kundgebung mit NS-Propagandaminister Goebbels rund 25 000 Bücher verbrannten. Fünfzehn den Nazis besonders verhaßte Autoren wie Freud, Heinrich Mann, Remarque oder Tucholsky wurden in Feuersprüchen angeprangert. Erich Kästner verbarg sich in der Menge, als seine Gedichte in Flammen aufgingen — ein Vorspiel für Schlimmeres. Bald sollte sich Heinrich Heines prophetische Warnung bewahrheiten: „. . . Wo man Bücher verbrennt, verbrennt man auch am Ende Menschen.“

Stefanie Burgmann, Zehlendorf, Potsdamer Straße 44

Ein mysteriöser Radfahrer hängte am Abend des 2. November 1956 ein Kuchenpäckchen an die Haustür des Chemikers Dr. Zweyer in Lichterfelde. Es enthielt vier vergiftete Liebesknochen, genug, um die Ehefrau und drei Kinder des in Westdeutschland tätigen Familienoberhauptes zu beseitigen. Tillmann, 16, jüngster der beiden Söhne, fiel dem heimtückischen Anschlag zum Opfer. Vor diesem Hintergrund erregte die Verhaftung einer respektierlichen Oberapothekerin am Zehlendorfer Behring-Krankenhaus natürlich Riesenaufsehen, zumal sie, wie sich nun herausstellte, auch noch gelegentlich Intimbeziehungen mit dem Vater des Opfers pflegte. Der Giftmordprozeß gegen die 47jährige Pharmazeutin vor dem Schwurgericht wurde zum beherrschenden Justizereignis der späten 50er Jahre. Fast niemand rechnete mit einem Freispruch: Außer einem Motiv hatte die Anklage eine Reihe zwingender Indizien gegen „Pillensteffi" vorzuweisen. Zu einem „Lebenslänglich" reichten sie der Jury nicht, die Herkunft des Boten und der Eclairs waren im dunkeln geblieben. So ranken sich heute um den Namen Stefanie Burgmann Erinnerungen an eine mutmaßliche Giftmörderin, die — so oder so — für den Rest ihres Lebens dem eigenen Gewissen überlassen blieb.

Erdgasspeicher, Bohrplatz A, Spandau, Siemenswerder

Unter dem Berliner Sandboden steckt mehr, als man denkt. Am Gesundbrunnen sprudelte früher eine Heilquelle. In der Schulzendorfer Heide suchte der bergmännisch bewanderte Bürgermeister Ferdinand Friedensburg im Blockadewinter 1948/49 erfolgreich nach Braunkohle. Jetzt will die Gasag im Grunewald, wo in den 60er Jahren Kavernen mit heilkräftiger Sole entdeckt wurden, unter Tage eine Million Kubikmeter sibirisches Erdgas lagern, das seit 1. Oktober 1985 über eine internationale Pipeline nach West-Berlin strömt. Für rund 450 000 Endverbraucher wird das preiswerte, umweltfreundliche Russengas jedoch zu Stadtgas verarbeitet. Für eine Direktbelieferung der Haushalte soll die Gasag gemäß alliierter Auflage über einen Jahresverbrauch der Inselstadt verfügen. Das Vorratsreservoir steht schon fest. Probebohrungen am Postfenn und auf Pichelswerder bestätigten, daß sich in mehr als 800 Meter Tiefe unter einer wasserdichten Tonglocke eine 16 Meter starke Schicht aus porösem Sandstein verbirgt. Wie ein natürlicher Speicher schlummert sie unter dem Gebiet beiderseits der Heerstraße. Sobald die technischen Voraussetzungen bestehen, soll eine Betriebszentrale am Glockenturmplatz das Gas in die Gesteinsporen pressen oder bei Bedarf ins Rohrnetz pumpen. Gegen das Vorhaben klagten alarmierte Anwohner beim Verwaltungsgericht. Sie befürchten trotz gegenteiliger Versicherungen der verantwortlichen Geologen und Ingenieure, daß sie eines Tages auf einem unterirdischen Pulverfaß sitzen.

Findelkind, Wedding, Gerichtstraße 64

An einem Sonntagnachmittag im Februar 1989 wollte der Metallarbeiter Hasim C. Kohlen aus dem Keller holen. Auf der Steintreppe fiel ihm eine Plastiktüte auf, als er den Inhalt entdeckte, ließ er vor Schreck die Eimer stehen und stürmte nach oben. In der Tüte lag ein nacktes Baby. Türkische Familienmütter in dem Mietshaus nahmen sich liebevoll des blaugefrorenen Säuglings an. Die Kripo untersuchte den Fundort und stellte die mit Sprüchen der Hamburg-Werbung („Das Hoch im Norden“) bedruckte dunkelblaue Tüte sicher. Der Findling, ein Junge, kam mit Blaulicht und Sirene ins Rudolf-Virchow-Krankenhaus. Nach einigen Tagen im Brutkasten war er wohlauf. Unterdessen hatte der zuständige Amtsvormund eine Pflegefamilie ausgekundschaftet, die das anonyme Findelkind aufnahm und auch adoptieren wollte. Obwohl Berlins größte Zeitung das „Baby, von dem alles spricht“, als Aufmacherfoto vorführte, gab es keinerlei Hinweise auf die Eltern. Niemand im Fundhaus hatte eine fremde Person an der dunklen Kellertreppe beobachtet, keine reuige Täterin meldete sich. Kindesaussetzungen wie diese kommen in der Berliner Kriminalstatistik selten vor; und wenn, dann steckt hinter einem solchen Delikt meist die Tragödie einer verzweifelten, alleingelassenen Mutter, die womöglich an ihrem Geheimnis zerbricht.

Fixer-Automat, Kreuzberg, U-Bahnhof Kottbusser Tor

„Die Kinder vom Bahnhof Zoo", wie sie Christiane F. in ihrem Bestseller aus den 70er Jahren beschrieb, sind erwachsen geworden und nicht mehr dort. Noch einiges mehr hat sich in der Drogenszene geändert, wie z. B. ein Blick auf die Automaten der Aids-Hilfe am Bülowbogen und unter dem Hochbahnbogen am Kottbusser Tor, „Kotti", zeigt. Beides sind Treffpunkte der Berliner Fixerszene, zu der schätzungsweise 7000 bis 8000 Heroinsüchtige zwischen 21 und 35 Jahren zählen sowie rund 600 minderjährige Junkies. Speziell für diese Randgruppe halten die umgebauten Zigarettenautomaten ein ganz besonderes Warenangebot bereit: steriles Drogenbesteck zum Wegwerfpreis von einer Mark. Jeweils zwei Spritzen und Kanülen für den nächsten „Schuß" stecken in den flachen, weißen Schachteln. Bedarf besteht, vor allem nachts und an Sonntagen, wie der Absatz von monatlich 4000 Päckchen nach Aufstellung des ersten Automaten bewies. Fast jeder dritte Fixer ist HIV-infiziert, schätzt die Aids-Hilfe. Sie will durch die Aktion verhindern, daß sich die tödliche Seuche durch den gemeinsamen Gebrauch unsauberer „Pumpen" weiter ausbreitet. Drogentote gibt es in West-Berlin schon genug. 1987 waren es 41, 1988 über 80.

Flakbunker, Wedding, Humboldthain

Ahnungslose Spaziergänger, die in den frühen 80er Jahren den 85 m hohen Aussichtsberg am Weddinger Humboldthain bestiegen, ahnten nichts von dem gespenstischen Treiben zu ihren Füßen. Tief unten im gigantischen Betonlabyrinth des zugeschütteten Flakbunkers hatten sich junge Neonazis eingenistet. Es handelte sich, so war später aufgefundenen Wandkritzeleien zu entnehmen, um Mitglieder einer „Kampfgruppe Priem", die hier Schießübungen und obskure Nazi-Rituale veranstalteten. Zu kultischen Zwecken hatten sie am Boden Ziegelsteine zu einem Hakenkreuz ausgelegt. An der Wand stand ein altarähnliches Gebilde, über dessen Zweck auf einem angesengten Flugblatt zu lesen stand: „Für Odin und Walhalla! Zurück zum heidnischen Urglauben unserer Ahnen!" Eine Reportage über die Entdeckung des unterirdischen Extremistentreffs erregte im Mai 1983 weites Aufsehen; Kampfgruppenführer Arnulf Priem, Jahrgang 1948, war über seinen Heimatbezirk Wedding hinaus als militanter, einschlägig vorbestrafter Neonazi bekannt. Als Angeklagter vor dem Landgericht präsentierte er sich einmal demonstrativ in einem kurzärmeligen Hemd, das den Blick auf die eintätowierten SS-Runen an den Armen freigab. Der Einstieg in den Bunker, in dessen Verliesen auch gefährlicher Pharmamüll lagert, wurde inzwischen zugemauert.

Roland Freisler, Dahlem, Habelschwerdter Allee 9

Privat lebte Roland Freisler, am 30. Oktober 1893 in Celle geboren, als wohlsituierter Staatsbeamter mit Ehefrau Marion und zwei Söhnen in Dahlem, wo er am Hüttenweg 14 a und in der Habelschwerdter Allee 9 Villengrundstücke besaß. Im Amt wütete er hinter verschlossenen Türen als blutigster aller Blutrichter, sein Name symbolisiert die Schrecknisse der NS-Mordjustiz schlechthin. Bei seiner Ernennung zum Präsidenten des berüchtigten Volksgerichtshofs hatte Freisler 1942 gelobt, er wolle jeden Fall so entscheiden, wie ihn Hitler beurteilen würde. An Brutalität und Fanatismus ließ er sich darin von niemandem übertreffen. Wer ihm als Angeklagter in die Hände geriet, hatte zu 90 Prozent Sicherheit die Todesstrafe oder „lebenslänglich" zu erwarten. Besonders zügellos entlud der „rasende Roland" seinen Haß gegen die Offiziere des 20. Juli 1944, die er in übelster Weise mit Schimpfworten wie „ehrlose Ehrgeizlinge" oder „Sie Würstchen" niederbrüllte. Allein von 1942 bis 1944 verurteilte der Volksgerichtshof (Bellevuestr. 15), zugleich erste und letzte Instanz in Sachen Staatsschutz, 4951 Menschen zum Tode; Freisler reichte hierzu ein Flüsterwitz oder eine abfällige Bemerkung über Hitlers Kriegskunst. Noch vor dem Ende seines Führers erreichte ihn die irdische Gerechtigkeit am 3. Februar 1945 in Gestalt einer amerikanischen Fliegerbombe.

Gedenkstein 20. Juli 1944, Schöneberg, St.-Matthäus-Kirchhof, Großgörschenstraße 12—14

Auf dem Friedhof der St.-Matthäus-Gemeinde von 1856, einer Großstadtidylle mit vielen großbürgerlichen Prominentengräbern aus dem ehemaligen Geheimratsviertel, verweist ein schlichter Gedenkstein auf ganz und gar nicht idyllische Zeiten. Unter dem Datum des 20. Juli 1944 erinnert er daran, daß an dieser Stelle Hitler-Attentäter Claus Schenk Graf von Stauffenberg und vier seiner engsten Mitverschwörer zeitweilig begraben lagen. Noch in der Nacht des gescheiterten Offiziersaufstandes waren sie von einem Standgericht zum Tode verurteilt und im Hof des Bendlerblocks (heute Stauffenbergstraße 14) im abgeblendeten Scheinwerferlicht eines Wehrmachts-Lkw füsiliert worden. General Ludwig Beck gab sich selbst die Pistole. Nach der Exekution wurden alle fünf auf den St.-Matthäus-Kirchhof an der Großgörschenstraße 12 geschafft und mitten in der Nacht ohne jedes Zeremoniell beerdigt, allerdings nur für einige Stunden. Am nächsten Tag holte sich die Gestapo die Leichen. Sie wurden im Krematorium Wedding verbrannt. Die Asche ließ SS-Reichsführer Heinrich Himmler in einem Akt blindwütiger Rache auf den Rieselfeldern verstreuen, um jede Spur ihres Andenkens zu tilgen. Die Geschichte wollte es anders, wie der Stein mit den Namen der fünf Widerstandskämpfer in der Friedhofsabteilung A-s-4 bezeugt.

Glienicker Brücke, Wannsee, Ende Königstraße

Die Begegnung lief ab wie ein Treffen von zwei rivalisierenden Gangsterbanden. Die Hände in den Manteltaschen, die Hüte tief im Gesicht, so näherten sich an einem Februartag des Jahres 1962 zwei Gruppen von Männern auf der Glienicker Brücke. Kurz vor dem Grenzstrich löste sich jeweils eine Gestalt von den Begleitern und wechselte zur anderen Gruppe. Auf der Zehlendorfer Seite nahmen die Amerikaner ihren 1958 über Rußland abgeschossenen Spionageflieger Francis G. Powers in Empfang, auf der Potsdamer Seite die Sowjets Oberst Rudolf Abel, ihren einstigen Topspion in New York. So kam die Glienicker Brücke weltweit in den Ruf einer „Brücke der Spione“. Mehrmals in den vergangenen Jahren diente sie Geheimdiensten beider Seiten als Drehscheibe für ähnliche Transaktionen. Wie am Schluß eines Spionagethrillers kreuzten sich am 11. Juni 1985 die Wege von 23 freigelassenen Westagenten und vier Ostkundschaftern auf der 148 m langen Straßenbrücke, die seit 1952 auf östlicher Seite für den allgemeinen Verkehr gesperrt ist. Der sowjetische Bürgerrechtler Anatoli Schtscharanski war die zentrale Figur eines diplomatischen Tauschgeschäfts, das am 11. Februar 1986 über die Havelbrücke abgewickelt wurde. Damals kamen zugleich acht Häftlinge aus dem Halbdunkel der geheimen Nachrichtendienste frei. Man bekam die Ex-Agenten, fünf westliche und drei östliche, bei der Übergabe nur schemenhaft zu Gesicht. So schnell ging das alles.

Fr. Julius Grieneisen, Schöneberg, Belziger Straße 35

Berlin mit seiner Millionenbevölkerung hat über einhundert Friedhöfe und fast ebenso viele Bestattungsinstitute. Keines ist so bekannt wie „Grieneisen“. Im Berliner Jargon wird alles, was mit Trauer, traurigem Aussehen oder entsprechender Stimmung zu tun hat, bildhaft mit „Grieneisen“ umschrieben. Der Name geht auf den Tischlermeister und Firmengründer Fr. Julius Grieneisen zurück, der 1830 Berlins erstes Sargmagazin gegründet hatte. Die für die Bestattung notwendigen Arbeiten oblagen damals einem „Königlichen Leichen-Commissarius“. Nach Einführung der Preußischen Gewerbeordnung 1869 entfiel dieses Pachtmonopol. Grieneisen legte sich den ersten Leichenwagen zu, noch bis 1939 gehörten seine schwarzen Schnörkelkutschen zum Straßenbild. Hohe Kreise, an ihrer Spitze das Kaiserhaus, lernten die taktvollen Dienste des Bestattungsunternehmens schätzen. 1910 wurden die Sargfabrikation und die Verwaltung am Geschäftssitz Belziger Straße zusammengelegt. Zum 150jährigen Jubiläum 1980 meldete Grieneisen den Vollzug von rund 285 000 Erd- und Feuerbestattungen, das entsprach der damaligen Einwohnerzahl von Bonn oder Karlsruhe. Jetzt hält sich das florierende Unternehmen mit seinen 25 Berliner Geschäftsstellen für die nächsten 285 000 Tag und Nacht dienstbereit. Der bescheidenste Sarg aus Kiefernholz kostete 1989 rund 700 Mark, De-Luxe-Anfertigungen in Eiche gingen bis zu 10 000 Mark.

Guillotine, Moabit, Untersuchungshaftanstalt, Alt-Moabit 12 A

Im Zellengefängnis Lehrter Straße, das nicht mehr existiert, wurde im Morgengrauen des 11. Mai 1949 der 24jährige Berthold Wehmeyer geköpft. Er hatte auf einer Hamsterfahrt nach Königs Wusterhausen eine 61jährige Frau niedergeschlagen, vergewaltigt, erdrosselt und ihr die gehamsterten Kartoffeln geraubt: ein Kapitalverbrechen, auf das nach dem seinerzeit gültigen Strafrecht die Todesstrafe stand. Dies war die letzte Hinrichtung im westlichen Teil Berlins. Gut geölt und in mehrere Kisten verpackt, wird das Fallbeil seither vom Justizsenator in der Untersuchungshaftanstalt Moabit aufbewahrt. Die beiden 20 Kilo schweren Messer stecken in Etuis von der Form einer Zither. Die Vorstellung von der arbeitslosen Guillotine im Keller macht die schwer gesicherte Justizfestung an der Ecke Alt-Moabit/Rathenower Straße noch unheimlicher, als sie schon ist. Anders als in der Bundesrepublik gab es an der Spree nach alliiertem Kontrollratsrecht bis März 1989 die Todesstrafe, wenngleich kein westlicher Stadtkommandant jemals an die Anwendung gedacht hatte. So kommt dem Moabiter Schafott der Status eines Mahnmals an die blutige Vergangenheit der Strafjustiz und die NS-Mordjustiz zu. Es war auch einmal geplant, die Guillotine im alten Kriminalmuseum in der Gothaer Straße auszustellen, aber der damalige Polizeipräsident Hübner war „nicht scharf auf die scharfe Sache“.

Otto Hahn, Dahlem, Thielallee 63

Nobelpreisträger Otto Hahn (1873—1968), der „Vater des Atomzeitalters“, erforschte als Chemiker das Spezialfach Radioaktivität. Er war kein Physiker, mit der Entwicklung der Atombombe hatte er nicht das geringste zu tun; dennoch führt von seiner einstigen Berliner Wirkungsstätte eine direkte Linie nach Hiroshima. Am 22. Dezember 1938 hatte Hahn im damaligen Kaiser-Wilhelm-Institut für Chemie zusammen mit Fritz Straßmann die Spaltung von Urankernen mittels Neutronenbeschuß entdeckt. Über das verblüffende Versuchsergebnis informierte er sogleich seine langjährige wissenschaftliche Mitarbeiterin Dr. Lise Meitner, die erst wenige Monate zuvor aus „rassischen Gründen“ nach Schweden geflüchtet war. Der offizielle Forschungsbericht erschien im Januar 1939 in der Zeitschrift „Die Naturwissenschaften“. Der Geist war aus der Flasche; mit seinem Experiment hatte Hahn die entscheidende Grundlage für die Entfesselung des atomaren Feuers nach dem Prinzip der Kettenreaktion geliefert, was er selbst seinerzeit nur dunkel ahnte. Kernphysiker wie Niels Bohr oder Enrico Fermi erkannten sofort die Tragweite der Entdeckung. Am 2. August 1939 schrieb Albert Einstein seinen folgenschweren Brief an Präsident Roosevelt, in dem er aus Furcht vor einer deutschen Entwicklung den Bau einer amerikanischen Atombombe anregte. Die Meldung von ihrem Einsatz im August 1945 überraschte Hahn in englischer Internierung. Er wollte sie zuerst nicht glauben; dann war er „unsagbar erschrocken und niedergeschlagen“.

Hahn-Meitner-Institut, Wannsee, Glienicker Straße 100

Seit Harrisburg und Tschernobyl fühlen sich die Anlieger des Hahn-Meitner-Instituts für Kernphysik nicht mehr sicher. Obwohl sich die rund 800 Mitarbeiter ausschließlich der wissenschaftlichen Grundlagenforschung widmen, wächst die Furcht vor dem unheimlichen Nachbarn. Besonders beunruhigt zeigt sich eine Zehlendorfer Bürgerinitiative über die Erweiterungsarbeiten am Forschungsreaktor, das Restrisiko beim Betrieb atomarer Anlagen läßt sich durch amtliche Beschwichtigungen nicht aus der Welt schaffen. „Ber I" soll nach dem Einbau einer zusätzlichen „kalten Neutronenquelle" mit der zweifachen thermischen Leistung von zehn Megawatt wieder in Betrieb gehen. Damit verdoppelt sich der Anfall von hochkontaminierten Brennelementen, wovon auf dem Schild am Zaun nichts steht. Sie bleiben bis zum Abtransport in einem zentralen Zwischenlager auf dem Gelände, hier wird mangels geeigneter Endlagerstätten auch aller andere Atommüll aus West-Berlin deponiert. Anläßlich des Skandals um die Hanauer Plutoniumfirma Nukem kam heraus, daß in der Glienicker Straße 24 Jahre lang eine Neutronenquelle mit sechzehn Gramm hochgiftigen Plutoniums in einem Edelstahlbehälter betrieben wurde. Besondere Vorkehrungen für den Katastrophenfall gab es nicht. Der Abtransport des Geräts nach Wien wurde 1987 wie bei einer Atombombe als Staatsgeheimnis behandelt.

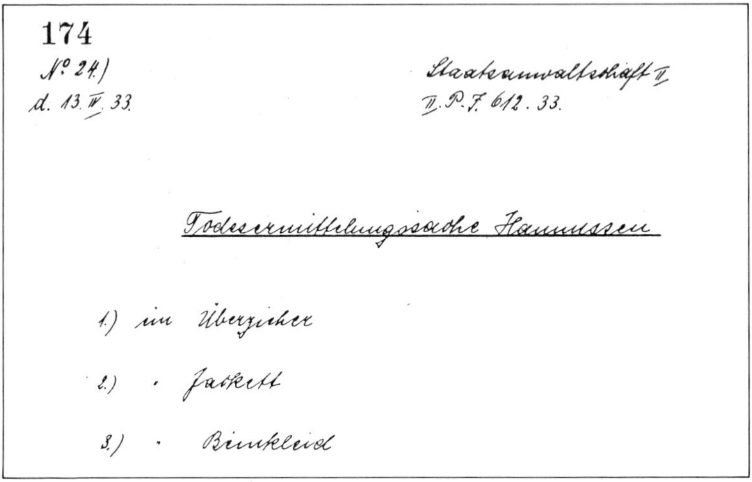
174
№ 24)
d. 13. IV. 33.

Staatsanwaltschaft II
II. P.J. 612. 33.

Todesermittelungssache Hanussen

1.) im Überzieher
2.) " Jackett
3.) " Beinkleid

Erik Jan Hanussen, Charlottenburg, Kurfürstendamm 16

Seine ultramodern ausgestattete Luxuswohnung am Kurfürstendamm glich der Kommandozentrale eines utopischen Raumschiffs. Im Mittelpunkt: die „Hausbar“ mit den zwölf Tierkreiszeichen auf einer Leuchtplatte, wo der Magier mit einer schwarzen Trancebinde um den Kopf in die — stets ungewisse — Zukunft schaute. Als Hermann Steinschneider 1889 im mährischen Proßnitz geboren, zog der skandalumwitterte Telepath und Hellseher 1932/33 halb Berlin in seinen Bann. 200 Mark für eine private Seance kassierte er auf dem Gipfelpunkt seines Ruhms. Sein eigenes Verhängnis sah er nicht voraus. Aus Geltungssucht und Opportunismus hatte sich der genial begabte Schwindler den Nazis als politischer Prophet angedient. Die parfümierten Herren von der obersten SA-Führung verkehrten auch privat in seinem Salon; freigiebig half ihnen der gebürtige Jude mit Darlehen aus der permanenten Geldnot, deshalb ließen sie ihn als lästigen Mitwisser am 24. März 1933 liquidieren. Mit drei Kopfschüssen wurde Hanussen Anfang April in einer Tannenschonung bei Potsdam entdeckt. Einwandfrei Mord lautete die Diagnose, zu einer Anklage kam es nie. Der alte preußische Rechtsstaat endete nun in der Asservatenkammer der Berliner Gerichtsmedizin, wo Professor Prokop die Akte Hanussen zur Erinnerung an den denkwürdigsten Scharlatan des Jahrhunderts aufbewahrt.

Hauptkadettenanstalt, Lichterfelde, Finckensteinallee, am Kadettenweg

Auf dem heutigen Gelände der amerikanischen Andrews Barracks mischen sich Neubauten der U. S. Army mit Bauten aus dem Dritten Reich und Backsteinarchitektur aus den Tagen der ehrwürdigen Preußischen Hauptkadettenanstalt von 1878. In vier langgestreckten Kasernen beherbergte die „Pflanzschule des preußischen Offizierskorps" einst 880 Zöglinge; 1920 wurde sie in ein staatliches Knabeninternat umgewandelt. Einen völligen Bruch der Tradition brachte das Jahr 1933, als die SS-Leibstandarte unter dem Befehl des bayerischen Altnazi „Sepp" Dietrich in die „roten Mauern von Lichterfelde" einzog. Am 30. Juni 1934 veranstaltete Hitlers schwarzuniformierte Leibgarde in Berlin und Bayern eine „Nacht der langen Messer", die als Röhm-Affäre in die Geschichte einging. Unter dem Vorwand, eine drohende Revolte abzuwenden, ließ Hitler den politisch lästig gewordenen homosexuellen SA-Stabschef Röhm und dessen Gefolgsleute verhaften und an die Wand stellen. Fast die gesamte Berliner SA-Führung, an ihrer Spitze der berüchtigte Gruppenführer Karl Ernst, wurde an jenem Wochenende im Innenhof der Lichterfelder SS-Kaserne exekutiert. Die Anwohner hörten immer wieder Salven und das Geschrei von Männern. Polizeiautos schafften die Leichen zum Krematorium Wilmersdorf, auf der Fahrt tropfte Blut von den Trittbrettern. Eine Gedenktafel neben dem Haupteingang berichtet neuerdings von „zahlreichen Erschießungen"; 17 Opfer sind namentlich bekannt.

Heeresgasschutzlaboratorium, Spandau, Zitadelle, Am Juliusturm

Die Zitadelle Spandau schimmert mit ihren Ziegelmauern in warmem Rot durch die Bäume am Festungsgraben, doch das friedliche Bild trügt. Ihre allerjüngste militärische Vergangenheit hat die mächtige Wasserfestung aus dem 16. Jahrhundert eingeholt. Polizeitrupps mit Gasmasken suchen hinter umfangreichen Absperrungen nach Kampfmittelmüll aus den letzten Tagen des Zweiten Weltkrieges. Im Nordtrakt an der Bastion Kronprinz beschäftigte sich von 1935 bis 1945 das geheime Heereslaboratorium WA-Prüf 9 mit der Wirkung und Entwicklung chemischer Kampfstoffe. Bis zu 400 Wissenschaftler und Hilfskräfte sollen nicht nur mit Giftgasen aus dem Ersten Weltkrieg, sondern auch mit neuartigen Nervengasen gearbeitet haben, die schon bei geringster Hautberührung tödlich wirken. Als die Front heranrückte, vergruben Heereschemiker Restbestände in Fässern, Riechtöpfen und Ampullen. Andere Behälter wurden in Brunnen geworfen. „Unter der Zitadelle lauert der Tod“, warnte eine Zeitung, denn die unberechenbar dahinrottenden Rückstände wurden auf OKW-Befehl entweder gar nicht oder falsch gekennzeichnet. Ein mobiles Großlabor unterstützt daher eine neue Entseuchungsaktion, die im Juni 1988 mit riesigem technischem Aufwand anlief. Mindestens drei Jahre hatte die Polizei zur Sanierung der Zitadelle veranschlagt. Sogar die Evakuierung der Anwohner bei einem Bergungsunfall war einkalkuliert.

„Henkerhannes“, Neukölln, Standortfriedhof, Lilienthalstr. 7

Als Gustav Völpel, Jahrgang 1901, von 1946 bis 1948 das Gewerbe eines „Nachrichters“ ausübte, spielten Sektoren- und Zonengrenzen keine Rolle. In Berlin und der umliegenden Sowjetzone vollstreckte er in dieser Zeit nach eigenen Angaben 48 Hinrichtungen mit dem Handbeil oder, wie im Zellengefängnis Moabit, mit der Guillotine. Als „anonymes Werkzeug der Gerechtigkeit“ verbarg er sich dabei hinter einer gelbschwarzen Gesichtsmaske mit einem schwarzen Kreuz auf der Stirn. „Henkerhannes“, so sein Spitzname, hatte aber nicht nur einen anrüchigen Beruf, sondern ebensolchen Umgang. Weil der gelernte Lichtpauser selber öfter mit dem Gesetz in Konflikt geraten war, verzichtete die Justiz 1948 auf seine Dienste. Zu jener Zeit lernte er in der „Münzklause“ am Alex Werner Gladow („Doktorchen“) kennen, den 18jährigen Chef der gefährlichsten Verbrecherbande im Berlin der Schwarzmarktzeit, der 1950 in Frankfurt/Oder unter dem Fallbeil enden sollte. Völpel („Bring so viel Waren ran, wie möglich“) wurde Gladows Hehler und Tipgeber. Im April 1949 faßte die Polizei Völpel bei einem Raubüberfall in Neukölln; sieben Jahre Zuchthaus. Zwei Jahre nach der Entlassung aus Tegel starb der ehemalige Scharfrichter unerkannt im Urbankrankenhaus als armer, kranker Mann. Seine letzte Spur, die Grabstelle auf dem Standortfriedhof an der Hasenheide, wurde inzwischen eingeebnet.

Heroin-Luke, Kreuzberg, „Wiener Eck“, Wiener Straße Ecke Skalitzer Straße

Die Bierluke an der Außenwand des „Wiener Ecks“ stammte noch aus Zeiten, als die Schultheiss-Brauerei mit Pferdewagen vorfuhr und die Kutscher die Bierfässer durch einen schrägen Schacht in den Keller kullern ließen. Er war längst außer Betrieb und von innen her zugemauert, als Rauschgiftfahnder und Zollbeamte in dem bunkerähnlichen Verlies am 21. Februar 1989 mit Hilfe von Spürhunden die größte Menge Heroin entdeckten, die bis dahin je auf einen Schlag in Berlin beschlagnahmt wurde: fünf Kilo im Wert von 2,5 Millionen Mark. Im Schankraum über dem Versteck, der „Stoff“ war in 32 Plastiktüten abgepackt, wurde hingegen mit Mark und Pfennig gerechnet: Bier und Cola zu 1,50, das Glas Wein zu 2,00 DM. Im Aussteiger- und Türkenkiez rund um den U-Bahnhof Görlitzer Bahnhof nimmt man in Kneipen wie dem „Wiener Eck“ bei solchen Preisen auch die schäbige Einrichtung in Kauf. Dem türkischen Pächter diente das Ecklokal im tiefsten SO 36 ohnehin nur als Fassade für den Rauschgifthandel. Der Hinweis auf den Heroin-Bunker hinter der Bierluke kam vermutlich von der Drogenmafia. Der 50jährige Gastwirt, dessen Aufenthaltserlaubnis bis 1990 galt, war bis zur Festnahme ein unbeschriebenes Blatt bei der Kripo. Das Lokal wurde sofort nach der Durchsuchung geschlossen und versiegelt.

Carl Ludwig von Hinkeldey, Volkspark Jungfernheide, Kurt-Schumacher-Damm

In der Galerie der Berliner Polizeipräsidenten nimmt Carl Ludwig von Hinkeldey eine Sonderstellung ein. Ausgerechnet er als oberster Gesetzeshüter verstieß gegen das Duellierungsverbot. Nach knapp achtjähriger Amtszeit starb der kurzsichtige Generalpolizeidirektor am 10. März 1856 im Zweikampf gegen einen Herrn von Rochow, wovon das gedrungene Steinkreuz am Ostrand des Volksparks Jungfernheide kündet. Hinkeldeys Duell und Begräbnis waren Ereignisse, die Berlin tagelang in Erregung hielten. Obwohl er sich durch allerlei kommunale Reformen, so den Aufbau der Stadtreinigung und einer Berufsfeuerwehr sowie die Aufstellung der ersten Litfaßsäulen, verdient gemacht hatte, war Hinkeldey als politischer Reaktionär äußerst unbeliebt. Sein spektakulärer Abgang, provoziert durch die Beleidigungen eines Landjunkers und Offiziers, machte ihn beim städtischen Bürger- und Beamtentum so populär, daß ihm an die 100 000 Berliner das letzte Geleit gaben. Zugleich wurde eine Geldsammlung für das Hinkeldey-Kreuz veranstaltet. Es wurde in den 50er Jahren dieses Jahrhunderts restauriert und nach einer Begradigung des Tegeler Weges auf den jetzigen Standort neben dem Kurt-Schumacher-Damm umgesetzt.

Unterm Kirschbaum, Lichterfelde, Heinersdorfer Straße 10

Unter einem Kirschbaum gleich hinter dem Haus ruhte die Verstorbene: ein Phantom, das für die Mitwelt weiterlebte und nach wie vor Monat für Monat seine Altersrente bezog. Nur der Sohn, der mit den 1000 Mark seine eigene Frührente von 2500 Mark aufstockte, kannte das Geheimnis. Er hatte seine 81jährige Mutter nach deren Hinscheiden im Garten des gemeinsamen, inzwischen abgerissenen Wohnhauses vergraben. Das jähe Verschwinden der alten Dame war damals den Nachbarn aufgefallen, aber Heinz F. konnte sie beruhigen: Es gehe ihr gut, sie sei jetzt bei einer Cousine in der Nähe von München in Pflege. Vier Jahre später erlag der frühere Ingenieur, damals 59 und seit 25 Jahren geschieden, einem Herzinfarkt. Die Polizei suchte nun vergeblich nach der Mutter im fernen Bayern, so kam der Rentenbetrug im Juli 1986 heraus. Die Anwohner erinnerten sich an die merkwürdigen Buddeleien in Nachbars Garten. Spürhunde der Kripo schnüffelten das Grundstück ab. Unter dem Kirschbaum schlugen sie an. Grabungen brachten, in sitzender Stellung an eine Wurzel gelehnt, das Skelett zum Vorschein. Der Schädel steckte nur 90 cm unter der Erde, was auf ein äußerst hastiges Leichenbegängnis schließen ließ.

Heinrich von Kleist, Wannsee, Bismarckstraße 3

„Beide sind auf der Stelle, wo der Mord und der Selbstmord geschah, in zwei Särge und in ein Grab gelegt worden." Dies vermerkte der zuständige Ortsgeistliche über zwei Tote, die am 21. November 1811 auf einem bewaldeten Hügel am Südufer des Kleinen Wannsees aufgefunden worden waren: Henriette Vogel, dreißig und gutbürgerlich verheiratet; Heinrich von Kleist, ein verkanntes Genie, dem der verdiente Ruhm erst durch die Nachwelt zuteil werden sollte. Damals jedoch hatte der mittellose Dichter zehn Jahre lang vergeblich versucht, sich in Berlin mit seinen Bühnendramen einen Namen zu machen; dann scheiterte er auch als Journalist mit den „Berliner Abendblättern". An der Uferstelle, wo heute sein Grab liegt, hatte Kleist schon einmal voller Todessehnsucht mit Freunden über die sicherste Methode zum Selbstmord diskutiert; eine Pistole wußte er als ehemaliger preußischer Offizier wohl zu handhaben. An jenem trüben Novembertag aber hallten zwei Schüsse über das Wasser. Der erste galt einer Seelenfreundin, die Erlösung von ihrem Krebsleiden suchte. Die letzte Nacht ihres Lebens verbrachten die beiden bei Kerzenlicht und Rotwein in einem nahegelegenen Landkrug mit Briefeschreiben. Kleist, gerade erst 34, tröstete seine Schwester Ulrike: „Die Wahrheit ist, daß mir auf Erden nicht zu helfen war."

Robert-Koch-Mausoleum, Wedding, Nordufer 10

Den weltberühmten Bakteriologen Robert Koch (1843—1910) kann man nicht wie andere Koryphäen der Medizin auf einem der Berliner Prominentenfriedhöfe besuchen. Dieser große Helfer der Menschheit, der unter anderem den Tuberkelbazillus und Erreger der asiatischen Cholera entdeckte, bleibt wie ein Fürst der Wissenschaft an seiner letzten Wirkungsstätte allgegenwärtig: das nicht nur als geistiger Mentor, sondern auch mit seinen sterblichen Überresten. In seinem um 1900 erbauten Institut für Infektionskrankheiten, heute das Robert-Koch-Institut des Bundesgesundheitsamts, wurde der Nobelpreisträger für Medizin (1905) mit einer Ausnahmegenehmigung der preußischen Regierung beigesetzt. Das Mausoleum mit dem Bildnis Kochs, das hinter einer Marmorplatte seine Urne birgt, finanzierten die Schüler und Assistenten des Gelehrten. Wahrscheinlich wurden sie durch das Vorbild des Pariser Institut Pasteur angeregt, wo dem großen französischen Bakteriologen Louis Pasteur (1822—1895) dieses Privileg nach dem Ableben zuteil geworden war. Von seinen japanischen Jüngern am Kitasato-Institut in Tokio wird Koch mit einem Schrein, der einige seiner Haupthaare enthält, nach Art des Schintoismus geehrt. Auch läßt sich kein Wissenschaftler von dort bei einer Europareise einen Besuch in der Berliner Gedenkstätte entgehen.

Kongreßhalle, Tiergarten, John-Foster-Dulles-Allee

Es sah aus wie nach einem Erdbeben. Am 21. Mai 1980, kurz nach elf Uhr, der Verband der Makler hatte zu einer Pressekonferenz geladen, stürzte die Kongreßhalle ein. Die südliche Hälfte des freitragenden Betondachs krachte in ganzer Breite auf die Anfahrtstraße. Es gab fünf Verletzte, einer verstarb. Die Unglücksnachricht schockte die Berliner; die „Schwangere Auster", Amerikas Beitrag zur IBA 1957, war ihnen ans Herz gewachsen. Nun war mit dem kühngeschwungenen Muscheldach auch das Vertrauen in die Haltbarkeit von Spannbeton zu Bruch gegangen, wie er seit den 50er Jahren vielerorts für Hallendächer und Brücken benutzt wurde. Das Berliner Fiasko lieferte den Sachverständigen ein alarmierendes Beispiel, wie schnell die in den Beton eingezogenen Stahlstäbe korrodieren können, bis sie plötzlich wie zu straff gezogene Saiten unter dem Druck ihrer Zugkräfte zerspringen. Die Halbruine am Rande des Tiergartens dämmerte dahin, bis der Senat 1984 die Instandsetzung beschloß. Praktisch haben wir es bei der jetzigen Kongreßhalle mit einem 50-Millionen-Neubau nach dem Grundentwurf von Architekt Hugh Stubbins zu tun, seine markante Dachkonstruktion wurde diesmal durch Betonstützen abgesichert. Das Einsturzunglück von 1980 gehört nun zur Überlieferung des traditionsreichen Standortes am Platz An den Zelten. Bei der zweiten Grundsteinlegung wurde eine Kassette mit Fotos der geborstenen Vorgängerin eingemauert.

Der Fall Krantz, Steglitz, Albrechtstraße 72 c

Das gutbürgerlich-verschlafene Steglitz wurde am 28. Juni 1927 Schauplatz einer Schülermordaffäre, die die Gemüter von Eltern und Pädagogen in ganz Deutschland aufwühlte. Wirre Todesschwärmereien zweier Primaner und die frühreife Erotik einer 16jährigen übersteigerten sich zu einem blutigen Eifersuchtsdrama. Günter Scheller, 18, erschoß in der Hochparterrewohnung der abwesenden Eltern Hans Stephan, 19, einen mit ihm verfeindeten Besucher seiner Schwester. In alkoholgeschwängerter Atmosphäre tötete er sich anschließend selbst. Tatzeuge war sein gleichaltriger Schulfreund Paul Krantz, Eigentümer der Pistole. Ihm, einem weichen, musisch begabten Jüngling, hatte die Tochter des Hauses in jener fatalen Sommernacht ihre Gunst entzogen, so daß Krantz unter dem Verdacht des zweifachen Mordes verhaftet wurde. Die Presse sorgte für einen Sensationsprozeß. Hildegard Sch., die blutjunge Kronzeugin, ließ sich allerdings nur auf unbedeutende Intimitäten mit den beiden Rivalen festlegen. Dr. Erich Frey, Berlins berühmtester Strafverteidiger in den Weimarer Jahren, kämpfte vor dem Schwurgericht um den Angeklagten wie ein Vater um den Sohn. Ergebnis: ein triumphaler Freispruch, strafrechtlich war Krantz für die Tragödie nicht verantwortlich.

Julius Krautz, Charlottenburg, Wilmersdorfer Straße 13

Den Scharfrichter Krautz kannte im Berlin der Gründerjahre fast jeder mit Namen. Er betrieb im bürgerlichen Leben Abdeckereien, so auch von 1884 bis 1886 in Charlottenburg, anschließend in Spandau. Mit der Pacht war das Amt des Scharfrichters verbunden. Bis zu dessen Aufgabe (1888) führte Krautz 55 Opfer zum Richtblock, unter ihnen den Kaiser-Attentäter Hödl. Dem Weißbier und den Frauen nicht abgeneigt, verkehrte er in verschiedenen Destillen, über sein blutiges Handwerk sprach er kaum. Um so mehr riß man sich dann um den Sensationsroman „Der Scharfrichter von Berlin“, der 1889 mit 250 000 Exemplaren ein zeitgenössischer Bestseller wurde. Was die öffentliche Phantasie an dem Titelhelden beschäftigte, sein Familienleben und seine Opfer, seine Liebschaften und schlaflosen Nächte, all das fand man in dem 3118 Seiten starken Werk zu einem schaurig-sentimentalen Sittengemälde ausgeschmückt. Weder Umfang noch Preis des Lesestoffs — 13 Goldmark — schreckte das Publikum. Eine Kostprobe dieser wiederentdeckten Rarität, die vom Verlag Wort-&Bild-Specials Hans Peter Heinicke Berlin 1988 als bibliophiler Reprint, versehen mit Originaldurchschuß, herausgebracht wurde, findet begeisterte Käufer.

Kriegsruine, Lichterfelde, Ostpreußendamm 141

Ein intakt gebliebenes Haus in Berlin hatte 1945 Seltenheitswert. Heute ist es umgekehrt. Bis auf einige konservierte Denkmäler wie den „hohlen Zahn“ an der Gedächtniskirche oder die Klosterkirche im Osten ist von den Zerstörungen des Zweiten Weltkrieges im Stadtbild kaum noch etwas zu merken. Dabei war der Anblick von Trümmerfeldern und Ruinen einmal etwas so Normales, daß man sie gar nicht mehr wahrnahm. Von rund 270 000 Gebäuden der Reichshauptstadt hatten gerade 10 Prozent den Krieg unversehrt überstanden; dagegen hatten 70 Prozent mehr oder weniger große Schäden erlitten, 10 Prozent waren schwer beschädigt und 10 Prozent völlig zerstört. „Trichterfelde“, „Stehtnix“ oder „Klamottenburg“ taufte der Berliner Galgenhumor, was von den schweren Verwüstungen übriggeblieben war. Als Schaltzentrale und Symbol des Reiches war Berlin das wichtigste Dauerziel alliierter Luftkriegsstrategie, ab Sommer 1940 bei Nacht für die britische Royal Air Force, ab März 1944 bei Tage für die US-Bomberflotte. Bei 310 Luftangriffen von zusammengerechnet mehr als hundert Stunden Dauer entluden sie 45 517 Tonnen Spreng- und Brandbomben über Groß-Berlin. Rund 49 000 Menschen starben im Bombenhagel, ganze Stadtviertel gingen unter. Hitlers „Endkampf“ im Führerbunker vollendete das Zerstörungswerk, dessen seltene Relikte an Troja oder Pompeji erinnern.

Elisabeth Kusian, Charlottenburg, Kantstraße 154 A

Für den Gerichtsmediziner Dr. Waldemar Weimann war diese 35jährige, von Lebensgier und Verzweiflung getriebene Frau die „rätselhafteste Täterpersönlichkeit“ seiner 40jährigen Laufbahn. An der strafrechtlichen Würdigung ihrer Verbrechen gab es freilich nichts zu deuteln: Zweimal „lebenslänglich“ lautete das Urteil des Moabiter Schwurgerichts, wo der Fall Kusian im Januar 1951 unter der Schlagzeile „Raubmörderin in Schwesterntracht“ Kriminalgeschichte machte. Das erste Opfer, ein Ost-West-Wechsler von der Schwarzgeldbörse am Bahnhof Zoo, hatte sie am Abend des 3. Dezember 1949 sogar in der Dienstkleidung vom Robert-Koch-Krankenhaus empfangen. Er sollte das möblierte Zimmer in der Kanstraße 154 A, 4. Stock, ebensowenig lebend verlassen wie Dorothea M., die dort am 2. Weihnachtsfeiertag eine Reiseschreibmaschine, das Geschenk für den Geliebten, abliefern wollte. Beide wurden nach einem kurzen Plausch hinterrücks mit einer Wäscheleine erdrosselt. Die Leichen zerstückelte Elisabeth Kusian auf ihrem Zimmer kunstgerecht in Rumpf und Glieder. In verschiedenen Ruinenkellern versteckt, wurden die Teile jeweils wenige Tage nach der Tat in West- und Ost-Berlin entdeckt — jedes Mal durch „Kommissar Zufall“.

Leichenschauhaus, Mitte, Hannoversche Straße 6

Im Jahre 1832 beantragte der Berliner Stadtphysikus die Gründung eines akademischen Instituts, das nach dem Vorbild der Pariser Morgue zur Aufbewahrung und Ausstellung Verunglückter und Selbstmörder „behufs Feststellung ihrer Persönlichkeit und zum Zwecke der gerichtlichen Untersuchung" dienen sollte. Das war der Vorläufer für Berlins klassisches Leichenschauhaus auf dem Hof der alten Charité, das nach wie vor für den Ostteil der Stadt zuständig ist: ein gelbbrauner, hufeisenförmiger Klinkerbau von 1886/88, der außer der etwas versteckt gelegenen Schauhalle im Erdgeschoß das Gerichtsmedizinische Institut der Humboldt-Universität mit Laboratorien, Obduktionsräumen, Hörsälen und sonstigen Einrichtungen beherbergt. Im Leichenschauhaus werden unbekannte Tote in besonders gekühlten, gläsernen Sargkammern zwecks Identifizierung durch Angehörige oder Bekannte ausgestellt; schon manche Vermißtenanzeige führte nach hier. Solange der öffentliche Schauraum in der Charité für jedermann von der Straße her frei zugänglich war, fand sich auch viel zwielichtiges Stammpublikum ein. So mancher Mörder mag hier verstohlen einen letzten Blick auf sein Opfer geworfen haben, obwohl niemals einer an Ort und Stelle gefaßt wurde.

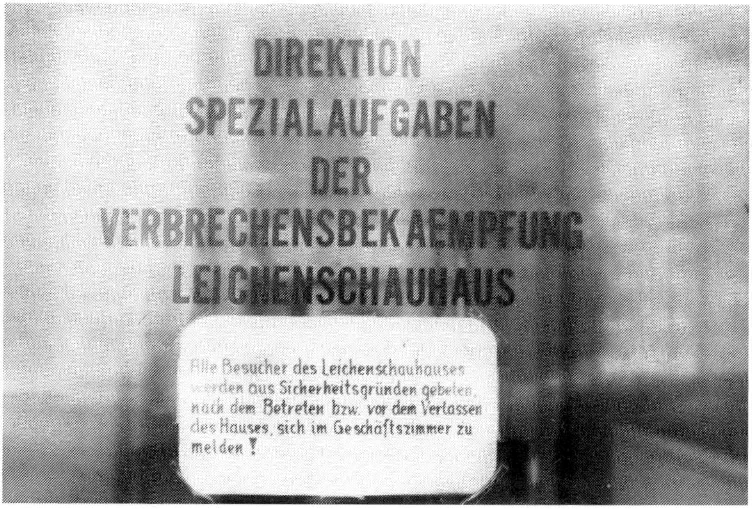

Leichenschauhaus West, Moabit, Invalidenstraße 59

Für eine bestimmte Anzahl von Menschen gibt es in jeder Großstadt vor der Endstation Friedhof noch eine vorletzte Station — das Leichenschauhaus. Die Spreemetropole, wo sich seit der politischen Spaltung 1948 so gut wie alle öffentlichen Institutionen verdoppelt haben, zählt deren zwei. Sie liegen kaum einen Kilometer Luftlinie auseinander; dem Schauhaus West, ein einstöckiger Flachbau aus den 60er Jahren, fehlt im Vergleich zu seinem Gegenstück in der Ost-Berliner Charité jeder Anflug von kriminalhistorischer Patina. Es ist unter Leitung eines Kriminalhauptkommissars der Polizeidirektion Verbrechensbekämpfung angegliedert und rund um die Uhr mit mehreren Sektionsassistenten in weißen Kitteln besetzt. Im Jahresdurchschnitt landen rund 1100 Tote zur gerichtsärztlichen Untersuchung oder Identifizierung im Kühlraum des Gebäudes, der bis zu 40 Leichen aufnimmt. Es handelt sich beispielsweise um Ertrunkene, Brandopfer, Verschollene oder Kleinkinder; kurzum, Fälle, für die sich Kripo und Justiz bei der Verfolgung von Mord- und Tötungsdelikten von Amts wegen interessieren. Schluchzende Angehörige sieht man selten im Schauraum. Die Polizei hat ihre erkennungsdienstlichen Methoden so weit verfeinert, daß sie den Hinterbliebenen die Vorführung einer Leiche wenn irgend möglich erspart.

Bruno Lüdke, Köpenick, Grüne Trift 32

Sein Name brachte Köpenick in den 50er Jahren als Heimat des größten Massenmörders der deutschen Kriminalgeschichte in Verruf. In der polizeihistorischen Ausstellung am Platz der Luftbrücke wird ein Gipsabdruck seiner Mörderpranke gezeigt. „Nachts, wenn der Teufel kam“ hießen der Tatsachenbericht und ein Filmreißer, die mit sensationellen Enthüllungen aus dem Reichssicherheitshauptamt aufwarteten. Danach war es 1943 einer Sonderkommission der Berliner Kriminalpolizei gelungen, endlich 54 offenene Mordfälle aufzuklären. Alle gingen auf das Konto eines schwachsinnigen Fuhrknechts aus Köpenick, der 20 Jahre lang unerkannt als Massenmörder herumlaufen konnte. Weitere 30 Mordtaten hatte Bruno Lüdke nach seiner Festnahme durch Kriminalkommissar Franz grinsend zugegeben, so daß er also in den 36 Jahren seines Erdenlebens 84 Menschen, meist Frauen, umgebracht haben mußte. Ob Lüdke wirklich als Täter in Frage kam, war schon damals intern umstritten. In den Vernehmungsprotokollen zieht er seine blutige Spur durch ganz Deutschland, aber nirgendwo hatte er den geringsten Verdacht erregt. Kein Staatsanwalt oder Richter hat sich jemals mit dem Fall befaßt, denn Lüdke wurde 1944 im geheimen Gewahrsam des Reichssicherheitshauptamtes umgebracht. Nach der Version eines Ost-Berliner Kriminalschriftstellers ist er nichts anderes als ein Opfer des NS-Polizeiapparates und purer Sensationsmache gewesen.

Luftbrückenunglück, Friedenau, Handjerystraße 2

Am 25. Juli 1948, dem 32. Tag der Blockade, erwartete Berlin den zehntausendsten Versorgungsflug. Gegen ein Uhr früh geisterten mehrere Positionslichter über den Nachthimmel; zwei davon gehörten einer amerikanischen Transportmaschine, die mit einer Ladung Mehl an Bord beim Anflug auf Tempelhof offenbar zu tief geraten war. Über Friedenau passierte es: Die zweimotorige Douglas streifte einen Dachgiebel, detonierte in der Luft und schlug direkt vor dem Wohnblock Handjerystraße 2 auf. Eine Tragfläche zertrümmerte den Dachstuhl, der niederstürzende Rumpf rasierte mehrere Balkons ab, explodierender Treibstoff setzte das Vorderhaus in Brand. Notdürftig bekleidet, konnten sich die Mieter vor der gleißenden Hitze durch den Hinterausgang ins Freie retten. Manche glaubten im ersten Schock, der Bombenkrieg sei wieder ausgebrochen. Die beiden Piloten wurden aus der Kabine geschleudert und waren sofort tot. Oberleutnant Charles H. King und Oberleutnant Bovert W. Stuben blieben die einzigen von insgesamt 70 tödlich verunglückten Luftbrückenfliegern, die mitten über Berlins Häusermeer abstürzten. Wer am Morgen danach die rauchgeschwärzten Fassaden und geborstenen Flugzeugtrümmer an der Unglücksstätte gesehen hatte, sollte diese schwärzeste aller Blockadenächte nicht so schnell vergessen.

„Mäusebunker", Lichterfelde, Krahmerstraße 6—10

Mäuse unter Reizgas, Kaninchen mit verätzten Augen, Katzen, die mit Chemikalien systematisch vergiftet werden — vor solchen Horrorbildern läuft man lieber davon. Voller Beklemmung stehen wir am Teltowkanal vor dem „Mäusebunker", wo die seelenlose Quälerei und Tötung von Lebewesen zur Routine der medizinischen Forschung gehört. Man könnte das Betongehäuse mit den Zentralen Tierversuchslaboratorien (ZTL) der Freien Universität auf den ersten Blick für ein gestrandetes Schlachtschiff halten. Die kanonenähnlichen Ansaugstutzen der Klimaanlage geben ein monotones Rauschen von sich. Ansonsten dringt kein Laut aus der hochtechnisierten Experimentierfabrik, die auch noch zur keimfreien Zucht und Aufbewahrung von maximal 80 000 Versuchstieren geplant wurde — Affen, Hunden, Katzen, Schweinen, Kaninchen und jeder Menge kleinerer Nagetiere. Eine „Irrsinns-Konzeption", stöhnte Ex-Wissenschaftssenator Kewenig. Als der Alptraumbunker (Baukosten: 136 Millionen Mark) 1982 fertig geworden war, wollten ihn die Weißkittel von der FU eigentlich gar nicht mehr haben. Man redete über Abriß oder eine weniger umstrittene Nutzung, doch im Orwell-Jahr 1984 wurde das Tier-KZ dann doch in Betrieb genommen: die „Perfektion des Grauens", wie sich eine mitfühlende Versuchsgegnerin nach einem Rundgang entsetzte.

Die Mauer

Sie ist vier Meter hoch, seit der letzten Begradigung um zehn Kilometer kürzer, aber deshalb nicht weniger brutal. Von 155 Kilometern Mauer durchtrennen 45 Kilometer die Stadt in zwei Hälften, der Rest schließt sich wie ein Ring von außen um West-Berlin. Auf 107 Kilometer Länge besteht die „Staatsgrenze der DDR“ aus massiven Betonplatten, durch Feld und Wald zieht sie sich als Metallgitterzaun. Allein mit äußeren Merkmalen läßt sich die ganze Schizophrenie dieses deutsch-deutschen Bollwerks schwerlich beschreiben. „Man muß die Mauer berührt haben, um zu begreifen, daß sie Wirklichkeit ist“, sagt der französische Schriftsteller Michel Butor. Wirklichkeit war sie am 29. Dezember 1988 genau zehntausend Tage. Mindestens 77 Flüchtlingen kostete sie das Leben. Realität und Symbol in einem, ist wohl kein anderes Bauwerk in Berlin so viel gefilmt und fotografiert worden. Der Gruseltourismus in die Bernauer Straße, wo die Ost-Berliner aus den zugemauerten Grenzhäusern sprangen, hat sich überlebt. Jetzt rollt die Buskarawane zur Mauer am Potsdamer Platz im ehemaligen Zentrum der Weltstadt. Nach Osten zu ein verödeter, aber tödlicher Grenzstreifen, wo Kaninchen hoppeln, nach Westen zu Europas größte Open-air-Galerie: Nach einer solchen Sehenswürdigkeit haben sich die Berliner wahrlich nicht gesehnt.

„Mister Quinn“, Buckow, Teltowkanal, Hochspannungsweg

Meterweise rutschte er im Seitwärtssitz auf dem schwankenden Hochspannungsseil voran. Von seinem Versteck zwischen Himmel und Erde blickte er auf die Bogenlampen im Todesstreifen. Die Stiefel einer Doppelstreife knirschten im Schnee. In einer bitterkalten Dezembernacht vollbrachte der Artist Horst Klein die Glanznummer seines Lebens. Über eine 15 m hohe Starkstromleitung gelang ihm die Flucht von Ost- nach West-Berlin. Das konnte nur ein Mann riskieren, der seit seinem 14. Lebensjahr als Hochseil- und Trapezkünstler durch Europa gereist war. Mit einem Seil um den Oberkörper erklomm Klein, damals 36, am 28. Dezember 1962 im Schutz der Dunkelheit den letzten freistehenden Mast vor dem Sperrgebiet am Teltowkanal. Wie sonst als „Mister Quinn“ am Trapez unter der Zirkuskuppel setzte er in einem kühnen Luftsprung zur Isolatorenkette mit den Freileitungen über. In gleicher Weise stieg er beim nächsten Mast um. Während die mit mehreren zehntausend Volt geladene Hauptleitung nach Süden abknickt, führte eine tote Abzweigung weiter geradeaus zum Neuköllner Ufer. Klein schaffte es gerade noch übers Wasser. Beim Abseilen stürzte er völlig entkräftet auf die Kanalböschung. Bewußtlos blieb er mit zwei gebrochenen Armen liegen, bis ein unruhiger Hund morgens um fünf in der Laubenkolonie am Uferweg Alarm schlug und ihn so vor dem Erfrieren rettete.

Moabiter Sonette, Tiergarten, Alt-Moabit 3/4

In der Nacht vom 23. zum 24. April 1945, sie war mondlos und regnerisch, peitschten Schüsse durch den zerbombten Ausstellungspalast auf dem ULAP-Gelände Alt-Moabit 3/4. Die Opfer waren 14 Gestapo-Häftlinge aus dem Zellengefängnis in der Lehrter Straße 3. Ein Exekutionskommando der SS hatte sie in das dunkle Trümmerfeld am Lehrter Bahnhof unter dem Vorwand getrieben, es ginge zwecks Entlassung zum Gestapo-Hauptquartier. Die Rote Armee stand vor den Toren Berlins. Herbert Kosney, ein junger Kommunist, überlebte das Massaker mit einem Genickschuß. Ihm war es zu danken, daß die dreizehn Ermordeten einige Wochen später gefunden und auf dem Ehrenfriedhof in der Wilsnacker Straße beigesetzt wurden. Einer von ihnen trug ein zusammengefaltetes Bündel von zwölf eng mit Bleistift beschriebenen, blutbefleckten DIN-A4-Blättern bei sich. Der Geograph und Dichter Albrecht Haushofer, am 7. Januar 1903 in München geboren, seit Dezember 1944 wegen Kontakten zu Kreisen des 20. Juli in Einzelhaft, hatte in tiefster Bedrängnis ein ergreifendes Zeugnis des Widerstandes verfaßt: 80 Gedichte in der strengen klassischen Form von Vierzeilern, die als Moabiter Sonette bekannt werden sollten. Sie erschienen wenige Monate nach dem Fund erstmals in Berlin. In viele Sprachen übersetzt und vertont, gehören sie heute zur Weltliteratur.

Benno Ohnesorg, Charlottenburg, Krumme Straße 66/67

In rotem Hemd und Sommersandalen lag der Demonstrant auf dem Parkhof in der Krummen Straße. Eine verstörte junge Frau hielt ihm sanft den Kopf, aber der Sterbende war nicht zu retten. Im Krankenhaus Moabit konnten die Ärzte nur noch feststellen, daß Benno Ohnesorg, 26, Student der Philologie und angehender Familienvater, durch einen Schuß in den Hinterkopf getötet worden war. In der Deutschen Oper lauschten der Schah des Iran und Gattin Farah zur gleichen Stunde der „Zauberflöte“. Der Senat hatte anläßlich ihres Besuchs zum Galaabend geladen. Einige hundert Studenten unter den Schaulustigen empfingen den persischen Potentaten mit Schmährufen und einem ohrenbetäubenden Pfeifkonzert. Kaum hatten sich die Pforten hinter den Ehrengästen geschlossen, da räumte die Polizei mit einem übermäßig harten Knüppeleinsatz die Bismarckstraße. Ohnesorg flüchtete sich unter die Betonarkaden eines Wohnsilos, wo ihn mehrere Polizisten mit Schlagstöcken bearbeiteten. Ein Zivilbeamter der politischen Polizei eilte mit gezückter Dienstpistole hinzu und streckte den wehrlosen Studenten nieder. Der Schuß am Abend des 2. Juni 1967 sollte die Republik verändern, Benno Ohnesorgs Tod durch die Hand der Staatsgewalt wurde zum politischen Schlüsselereignis beim Aufbruch der studentischen Protestbewegung von 1968. Der Funke der Jugendrebellion sprang von Berlin auf die Bundesrepublik über.

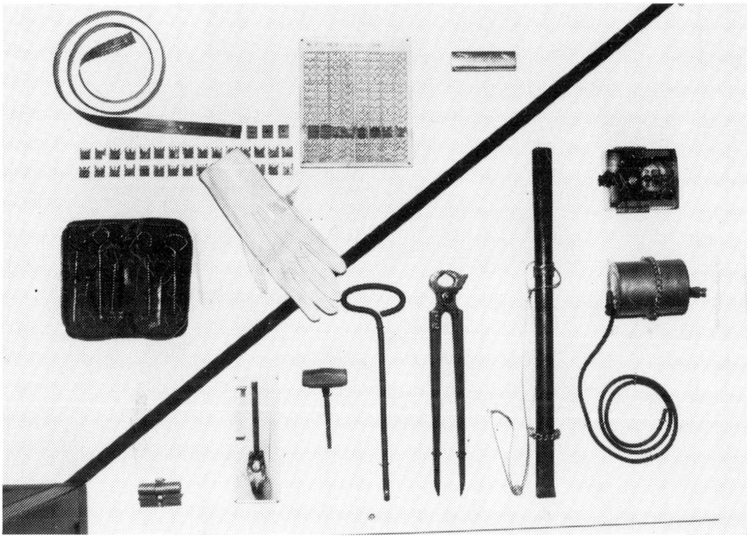

„Atze“ Peschke, Tempelhof, Polizeihistorische Sammlung

Das Lebenswerk des gelernten Uhrmachers und Drehers gehört zu den Prunkstücken des Berliner Polizeimuseums am Platz der Luftbrücke: zwei Vitrinen und eine Schautafel mit zum Teil selbst erfundenen, raffinierten Einbrecherwerkzeugen aller Art, die von einem hohen professionellen Standard zeugen. Am 28. April 1904 geboren und in Ganovenkreisen als „Atze“ bekannt, beschäftigte Peschke 54 Jahre hindurch die Polizei und Justiz — vom 15. Lebensjahr bis zu seinem Todessturz als Senior seiner Gilde auf dem Weg zu einem Einbruch. Die Berliner Kripo führte 43 Ermittlungsverfahren gegen Peschke. Als Gewohnheitsverbrecher saß er von 1939 bis 1945 in Sicherungsverwahrung. Die letzte Haft verbüßte er von 1968 bis 1972 in Tegel, nur um, nun schon hoch in den Sechzigern, erneut auf Tour zu gehen. So, wie er gelebt hatte, ereilte ihn das Ende. 1973 wurde ein älterer Mann in Düsseldorf auf der Treppe eines Wohnhauses leblos aufgefunden. In seinen Taschen fand man Einbrecherwerkzeug, jedoch hatte ihn ein Herzanfall an dem Vorhaben gehindert. Peschke stürzte die Stufen hinunter und brach sich das Genick. Daß ihm die Berliner Polizei eine Ecke in ihrer historischen Sammlung widmet, würde der Meistereinbrecher postum sicher dankbar vermerken.

Polizeihistorische Sammlung, Tempelhof, Platz der Luftbrücke 6

Beginnend mit dem ersten Verbrecher-Lichtbildalbum von 1876, befaßt sich diese Sammlung mit allem, was die Kriminalpolizei rund um die Uhr beschäftigt. Das Verbrechen schläft nicht. Das gilt gleichermaßen für die kleinen Gauner und Ganoven mit ihren Tricks und Requisiten wie für „schwere Jungs“, wie man in Berlin die Größen der Unterwelt früher nannte. Der Schuster Wilhelm Voigt, zweifellos die populärste Figur der Berliner Kriminalgeschichte, ist beim Marsch auf Köpenick lebensgroß in seiner falschen Hauptmannsuniform zu sehen. An den Schaukästen mit Verbrecherbiographien bekannter Kriminalfälle wie z. B. Lustmörder Carl Großmann oder die beiden Autofallenmörder Max und Walter Götze vergeht uns das Lachen. Solche und andere Einblicke in die Welt der Kriminalität und ihrer Bekämpfung sind der Öffentlichkeit jeweils montags, dienstags und mittwochs von 10 bis 12 und von 14 bis 16 Uhr möglich. Nicht für jedermann und schon gar nicht für Schulklassen bestimmt ist ein Extraraum mit Ausstellungsstücken und Polizeifotos zum Thema Gewaltkriminaliät. Als Gruselkabinett möchte der Polizeipräsident die betont wirklichkeitsnahe Schau nicht verstanden wissen, aber eins schließt das andere ja nicht aus.

Privatmuseum Paprotka, Wedding, Gleimstraße 1

Von der Wand im Wohnzimmer grüßt Scharfrichter Franz Xaver Reichardt mit Zylinder und Gehrock, aufgenommen um 1910 auf einem bayerischen Gefängnishof. Darunter sind im Maßstab 1:10 drei originalgetreu nachgebaute Galgen mit historischen Hinrichtungsszenen in den USA aufgebaut. Es bedarf schon starker Nerven, sich in seinen vier Wänden mit Fotos, Utensilien und Bastelarbeiten aus dem makabren Milieu der Galgen und Guillotinen zu umgeben. Dieter Paprotka, Jahrgang 1940 und von Beruf Postler, gruselt sich in seinem Pivatmuseum nicht. Er hütet sogar den sieben Meter langen, fachmännisch gedrehten Originalstrick, an dem 1963 im US-Bundesstaat Washington zum letzten Mal ein Mörder gehängt wurde. Seit mehr als zwei Jahrzehnten erforscht und sammelt Paprotka alles, was mit der Todesstrafe und deren Vollstreckung in Westeuropa, Nordamerika und Australien zusammenhängt. Quer durch die Jahrhunderte hat er in seinem Archiv zahllose Hinrichtungen in Wort und Bild dokumentiert. Fachlich interessierte Besucher können seine Sammlung zum Strafvollzug, zu der auch eine Spezialkollektion von Mützen, Uniformen und Handschellen hauptsächlich aus amerikanischen Zuchthäusern gehört, nach Voranmeldung besichtigen.

Gerhard Räbiger, Tempelhof, Reulestraße 10

Ende Mai 1945 ging er an die Arbeit. Bomben und Granaten regneten nun nicht mehr vom Himmel, aber sie lauerten noch zu Tausenden als Blindgänger im Erdreich oder in Ruinengemäuern. Bis zu seiner Pensionierung verbrachte Gerhard Räbiger, Jahrgang 1916, als Chef der Berliner Polizeifeuerwerker 31 Dienstjahre damit, diese tückische Erbschaft des Hitler-Krieges unschädlich zu machen: 31 Friedensjahre, in denen jeder Tag seines Lebens der letzte sein konnte. Allein rund 6500 Fliegerbomben, darunter 1,8 t schwere „Wohnblockknacker“, entschärfte er in dieser Zeit. Heldenruhm aller Art weist der Beamte von sich, obwohl der Umgang mit den hochempfindlichen, zum Teil mit Ausbausperre versehenen Zündmechanismen jedesmal ein Pokerspiel mit dem Tode bedeutete. Sie mußten zu allererst ausgeschraubt oder ausgefräst werden, erst dann konnte das Teufelsding zum Sprengplatz abtransportiert werden. Räbiger hantierte im Laufe seiner Paxis mit etwa 500 verschiedenen Typen von Zündern; jederlei Routine hätte sein segensreiches Handwerk leicht zum Himmelfahrtskommando machen können. Bei jedem Fundstück verfuhr Räbiger immer wieder so, als handele es sich um seine erste und einzige Bombe. Das Rezept bewährte sich auch gegen schwarze Katzen und an Freitagen, die auf einen 13. fielen.

S-Bahn-Mörder Ogorzow, Lichtenberg, Betriebsbahnhof Rummelsburg

Kapitalverbrechen durfte es nach dem Willen von Gauleiter Goebbels in der kriegsverdunkelten Reichshauptstadt offiziell nicht geben; schon gar nicht im Bereich der S-Bahn, wo noch spätabends Tausende von Frauen von der Schichtarbeit allein heimfuhren. Gerade hier, und zwar auf dem Streckenabschnitt zwischen Rummelsburg und Wuhlheide sowie in den umliegenden Laubenkolonien, fiel Paul Ogorzow mit einem Bleikabel über seine Opfer her. „Er war der kälteste, berechnendste Lustmörder“, wie ihn Gerichtsarzt Dr. W. Weimann in seinem Buch „Diagnose Mord“ beschrieb. 1912 geboren, von Beruf Hilfsweichensteller im Betriebsbahnhof Rummelsburg, tarnte sich der sadistische Triebtäter hinter der dreifachen Maske eines biederen Familienvaters, strammen Nazis und uniformierten Eisenbahners. Als „Amtswalter der NSDAP“ beteiligte er sich sogar an einer öffentlichen Fahndung nach sich selber. Das war Anfang 1941, als das Treiben des gefürchteten Frauenmörders nicht länger vor der Bevölkerung vertuscht werden konnte. Acht Morde, davon fünf in fahrenden Zügen, sechs Mordversuche sowie 32 vollendete oder versuchte Sittlichkeitsverbrechen wurden Ogorzow nach seiner Festnahme im Juli 1941 nachgewiesen. Ein Sondergericht verurteilte den schmächtigen Mann als Verdunklungsverbrecher zum Tode. Am Morgen danach wurde er in Plötzensee enthauptet.

Scharfrichterei, Wedding, Gartenplatz

Der heutige Gartenplatz am Wedding sah am 2. März 1837 Berlins letzte öffentliche Hinrichtung. Damals noch unbebaut, diente er der königlichen Residenz über ein Jahrhundert lang als Hochgericht, wie man eine öffentliche Hinrichtungsstätte seinerzeit nannte. Vom Neuen Markt, dem Standort des ersten Galgens im Mittelalter, war das Blutgerüst später nach außerhalb in die Gegend des heutigen Strausberger Platzes verlegt worden. Dann wanderte es über den Schinderberg und die Bergstraße im Bezirk Mitte 1749 zum Gartenplatz hinter dem Oranienburger Tor. Hier wurde 1837 die 42jährige Witwe Henriette Meyer, geb. Heidenreich, wegen vorsätzlicher Ermordung ihres schlafenden Ehemannes mit dem Rade „von unten herauf“ zu Tode gefoltert. Der Leichnam blieb noch über zwei Monate liegen, täglich strömten Neugierige herbei. Im Juli 1842 wurde das Hochgericht, ein etwa zwei Meter hoher quadratischer Bau aus Steinen mit eingebauter Treppe und Geländer, abgerissen. Die Baumaterialien sowie das blechbeschlagene dreibeinige Galgengerüst versteigerte die Stadtverwaltung am Ort gegen Barzahlung. Berlins Scharfrichter exekutierten ihre Opfer von nun an in den Gefängnishöfen, wo die breite Öffentlichkeit keinen Zutritt fand.

Die Scheintote, Wilmersdorf, Havelchaussee, Höhe Kuhhorn

Anfang November 1919 sprach ganz Berlin über die Scheintote vom Grunewald. „Dieser Fall geht uns alle an", verkündete Gerichtsarzt Dr. Hugo Marx im „Lokalanzeiger". Die uralte Furcht vor dem Lebendig-begraben-Werden erhielt neue Nahrung. Nur ein winziger Funke Leben und die Wachsamkeit eines Kriminalbeamten hatten die 25jährige Krankenpflegerin Minna Braun aus Pankow vor diesem Schicksal bewahrt. Ein Autofahrer hatte die junge Frau am 28. Oktober nachmittags als ein lebloses Bündel an der Havelchaussee entdeckt. Vermutlich Selbstmord durch Rausch- oder Schlafmittel, konstatierte der Notarzt. Die Unbekannte wurde zum nahe gelegenen Selbstmörderfriedhof gebracht und dort in der Leichenhalle eingesargt. Als ein Kriminalbeamter am folgenden Tag die Leiche inspizierte, glaubte er beim Aufrichten plötzlich eine ganz schwache Bewegung des Kehlkopfs zu erkennen. Die Scheintote wurde eilig ins Kreiskrankenhaus Lichterfelde gebracht, wo man eine schwere Morphium- und Schlafmittelvergiftung feststellte. 24 Stunden nach der Einlieferung erwachte sie aus dem todesähnlichen Starrkrampf. Schwester Minna, die aus Liebeskummer sterben wollte, erhielt Waschkörbe von Briefen. Glück mit Männern war ihr auch fortan nicht beschieden. Drei Jahre später schluckte sie erneut Gift, diesmal wurde sie zu spät gefunden.

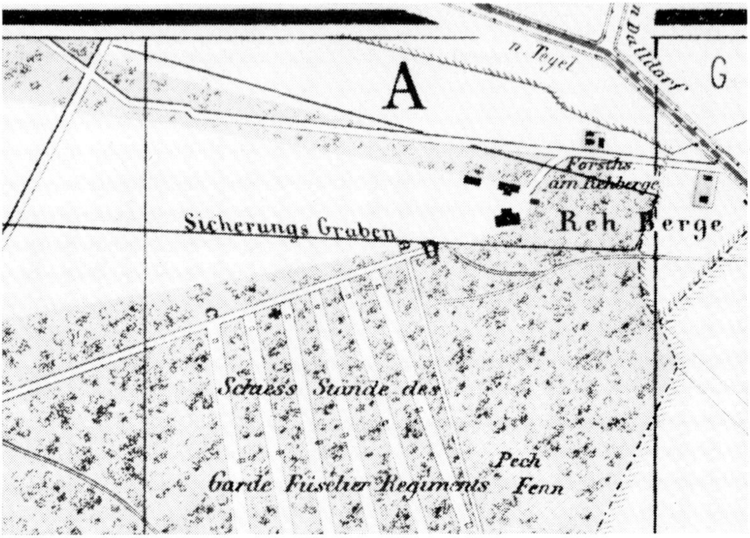

Preußens letzter Scheiterhaufen, Jungfernheide

Am Rande der Jungfernheide, damals noch weit außerhalb der Stadt, brannte am 28. Mai 1813, einem Freitag, der letzte Scheiterhaufen in Preußen. Mordbrenner Peter Horst, 30, Anführer einer berüchtigten, mehr als hundertköpfigen Räuberbande, und Christiane Delitz, 21, seine Komplizin und Geliebte, waren wegen vorsätzlicher Brandstiftung zum Tode verurteilt worden, was nach dem damaligen Landrecht Hinrichtung durch Verbrennen bedeutete. Nun waren sie morgens früh auf zwei Leiterwagen aus der Hausvogtei zum schwerbewachten Richtplatz gebracht worden, wo sie der Scharfrichter und seine Knechte zum Scheiterhaufen schleiften und, festgebunden an zwei Pfählen, dem Feuertod überantworteten — jedenfalls für die gaffende Menge. Tatsächlich hatte der Henker geheime Order, beide Delinquenten schon vor Entzünden des Scheiterhaufens auf eine dem Publikum unmerkliche Art zu erdrosseln. Öffentliche Hinrichtungen fanden zu jener Zeit gewöhnlich am sogenannten Hochgericht hinter dem Oranienburger Tor statt. Diesmal hatte die Polizei in Anbetracht des großen Andrangs weiter draußen einen freien Acker an der Jungfernheide ausgewählt, der nach einer zeitgenössischen Ortsbeschreibung „an die Feldmark des Vorwerks Wedding grenzte und hinter dem Förster Philipp lag“.

Schlachthaus Moabit, Großmarkt Beusselstraße

Dreizehn Millionen Stück Vieh jährlich wurden Ende des vorigen Jahrhunderts in die Schlachthöfe von Chicago getrieben. Die Union Stock Yards waren das Dorado der Hirten und Viehtreiber, der Schlächter, Großhändler und Agenten. Rinderherden aus Texas warteten in Mietkralen auf ihre Todesstunde, in den Fleischfabriken wurden täglich 12 000 Schweine zu Konserven verarbeitet. Jener noch ländlich geprägten Epoche entstammten auch die beiden traditionellen Berliner Schlachthöfe: der heutige VEB Zentralschlacht- und Viehhof in Lichtenberg sowie der Schlachthof Spandau. Der Senat legte den defizitären Eigenbetrieb in havelländischer Backsteingotik still. West-Berlins neues, privatwirtschaftlich betriebenes Schlachthaus eröffnete Anfang 1989 am Großmarkt unterhalb der Beusselbrücke seinen Betrieb. Dort unterscheidet sich der klinisch wirkende Flachbau für 30 Millionen Mark kaum von den umliegenden Kühl- und Markthallen. Weit hinten, wo die Viehtransporte aus der Bundesrepublik und der DDR über die Zufahrt Neues Ufer einrollen, hat sich der Schlachthof im „Bauch von Berlin“ angesiedelt. Getötet und zerlegt werden 60 Rinder, 240 Schweine und 200 Lämmer pro Stunde. Ohne daß man von den Tieren viel hört oder sieht, gehen sie frühmorgens den Weg allen Fleisches.

Selbstmörderfriedhof, Forst Grunewald, Schildhornweg

Von der Lage und Anlage her ist diese Begräbnisstätte mitten im Wald eine Perle unter Berlins Friedhöfen. Dennoch haftet ihr, wie schon der Name sagt, etwas Gespenstisches an. Allerlei Gruselgeschichten über die ruhelos umherirrenden Seelen Verstorbener kursierten einst über diesen Fleck Erde, bis ein beherzter Revierförster den nächtlichen Spuk als Eulen auf Mäusejagd entlarvte. Erhalten geblieben ist die Überlieferung von schwermütigen russischen Emigranten, die zwischen 1917 und 1918 aus Heimweh nach Mütterchen Rußland und Schmerz über den ermordeten Zaren in der Havel bei Schildhorn den Freitod suchten. Nachdem sie behördlicherseits klammheimlich im Jagen 135 bestattet worden waren, setzten ihre Angehörigen markante Andreaskreuze auf die Grabstätten, von denen einige immer noch das Herzstück des Friedhofs bilden. Sie nahmen dem Gräberfeld freilich auch die Verschwiegenheit, so daß es der Magistrat mit einer Mauer umgab und zum Selbstmörderfriedhof erklärte. Offiziell ist er — mit vielen anonymen Soldatengräbern aus den letzten Tagen des Krieges — heute im Stadtplan als „Friedhof Grunewald Forst“ ausgewiesen.

Sowjetpanzer, zwischen Kontrollpunkt Zehlendorf und DDR-Kontrollpunkt Drewitz

Unübersehbar für jeden Autofahrer reckt er gleich hinter der Stadtgrenze am Kontrollpunkt Dreilinden seine 8,5-cm-Langrohrkanone gen Himmel: einer von 3827 Panzern, mit denen die Rote Armee im April 1945 zur letzten großen Schlacht um Berlin anrollte. Einige Panzer, wie zum Beispiel die beiden T 34 am Ehrenmal im Tiergarten, ließen die Eroberer als Siegessymbole in der ehemaligen Reichshauptstadt zurück. Dazu kam ein dritter Denkmalspanzer. Die Sowjets hatten ihn im Juni 1945 zu Ehren ihrer gefallenen „Tankisten“ auf dem Mittelstreifen der Potsdamer Chaussee kurz vor dem Zehlendorfer Kleeblatt aufgestellt, wo heute das Gedenkkreuz zum 17. Juni 1953 steht. Als sich der Ost-West-Konflikt nach der Blockade zuspitzte, sahen viele West-Berliner in dem 30 t schweren Russentank ein Symbol der Stalinschen Bedrohung. Unbekannte verübten einen Brandanschlag auf das stählerne Ungetüm. Die Amerikaner umgaben das angesengte Vehikel mit einem Schutzkäfig; im Zeichen des Kalten Krieges wurde es Gegenstand von Protestaktionen und diplomatischen Noten. Schließlich verlegten die Sowjets das Denkmal 1955 rund 600 m weiter weg auf östliches Territorium. Auf dem jetzigen Fünf-Meter-Sockel im DDR-Sperrgebiet am Transitzubringer nach Potsdam/Drewitz thront der olivfarbene Gardepanzer seit 1969. Älteren Berlinern erscheint er auch dort eingedenk alter Ängste immer noch bedrohlich.

Spionagetunnel, Rudower Höhe, Schönbergweg 10

Der Tunnel, den es für seine Erbauer offiziell gar nicht gab, barg die Technik eines kompletten Fernmeldeamtes; auf mannshohen Gestellen reihte sich ein Verstärker an den anderen. Von der US-Sektorengrenze gegenüber dem Friedhof Alt-Glienicke führte der stählerne Röhrengang etwa 350 Meter auf Ost-Berliner Gebiet bis zu einem Kabelschacht entlang der Schönefelder Chaussee. Fünf Meter unter der Erde hörte der US-Geheimdienst hinter schalldichten Wänden über fast 300 angezapfte Leitungspaare den Telefonverkehr der sowjetischen Streitkräfte und Ferngespräche aus Ost-Berlin mit. Ausgangsbasis des Lauschangriffs war eine mysteriöse Radarstation an der Rudower Höhe. Sie wurde vor einigen Jahren abgewrackt, aber der Doppelzaun, Wachhäuschen und andere Relikte sind noch zu sehen. Der Spionagecoup flog auf, als die sowjetische Nachrichtentruppe Ende April 1956 an der Zapfstelle Leitungsstörungen ausmachte. Stadtkommandant Kozjuba enthüllte die Entdekkung der Lauschanlage made in USA auf einer internationalen Pressekonferenz, anschließend durfte die Ausgrabung besichtigt werden. Die aufgescheuchten Amerikaner hatten sich inzwischen an ihrem Tunnelende mit Sandsäcken verbarrikadiert. Journalisten wurde der Zutritt von westlicher Seite verwehrt. Alle amtlichen US-Stellen täuschten Unwissenheit über die Existenz des Tunnels vor, das sowjetische Protestschreiben wurde nie beantwortet.

Ernst Udet, Charlottenburg, Stallupöner Allee 11

Von Krankheit und Resignation gezeichnet, setzte er mit 45 Jahren seinem Fliegerleben ein Ende. Die Nazis verschleierten den Selbstmord ihres Generalluftzeugmeisters mit einem Staatsbegräbnis. Die Villa am Rande des Grunewalds, wo er sich am 17. November 1941 in einem roten Bademantel auf dem Bett erschossen hatte, wurde nach dem Ende des Bombenkriegs abgetragen; gleichwohl ist die Wohnanlage an ihrer Stelle für Ortskundige als „Udet-Haus" bekannt geblieben. Als größter überlebender Jagdfliegerheld (62 Luftsiege) des Ersten Weltkrieges, danach nicht minder berühmt als Schaupilot, verkörperte Udet zu seinen Glanzzeiten das Idealbild eines Fliegeridols. Um der Fliegerei willen zog Udet 1935 wieder die Uniform an. Vom Naturell her eher Künstler als Soldat, scheiterte er in den bürokratischen Niederungen eines ungeliebten Amtes, wo ihn Göring schließlich als Sündenbock für die Fehlschläge seiner Luftwaffe in den Tod trieb. Der Dramatiker Carl Zuckmayer erahnte die Tragödie. Noch im amerikanischen Exil setzte er seinem Duzfreund aus unbeschwerten Berliner Tagen ein literarisches Denkmal. So trat Udet für die Nachwelt noch einmal als „Des Teufels General" ins Rampenlicht: ein vielbeachtetes Theaterereignis nach dem Krieg, das 1955 von Helmut Käutner in einer erstklassigen Besetzung verfilmt wurde.

Überschall-Jet, Spandau, Stößenseebrücke, Heerstraße

Die Nachricht von einem mysteriösen Flugzeugabsturz in den Stößensee löste eine Völkerwanderung aus. Schließlich räumte die Polizei beide Ufer von Neugierigen. Journalisten verfolgten von der „Seglervereinigung Havel“ aus die Bergung des Wracks und der toten Besatzung. Auch sowjetische Späher behielten den Ponton Tag und Nacht im Auge. Was britische Froschmänner und Pioniere aus dem schlammigen Havelarm holten, hätten die Russen den eilig aus London herbeigeholten Luftfahrtexperten lieber vorenthalten. Es handelte sich um Trümmer einer Yak 28, damals eines ihrer modernsten Überschallkampfflugzeuge, das in verschiedenen Varianten als Allwetterjäger, Aufklärer und Atombomber diente, NATO-Code „Firebear“. Hauptmann Boris Kapustin und sein Kampfbeobachter Oberleutnant Jurij Janow waren am 6. April 1966 nachmittags in Eberswalde nordöstlich von Berlin mit Südwestkurs gestartet, als in 4000 m Höhe die Steuerung versagte. Ständig an Höhe verlierend, raste der Sowjet-Jet mit seiner hochgeheimen Bordelektronik auf West-Berliner Territorium zu. Der Pilot versuchte vergeblich, DDR-Gebiet zum Aussteigen zu erreichen. „Wohin, Jurij?“ fragte er verzweifelt, als sie über Charlottenburg durch die Wolken stießen. Sekunden später stürzte die zweistrahlige Yak bei Siemenswerder in die Havel. Augenzeugen hielten die Maschine zunächst für ein Verkehrsflugzeug.

Versteck, Weißensee, Herbert-Baum-Straße (Jüd. Friedhof)

„Herr, du bist meine Zuflucht für und für", lesen wir an der Grabstätte des 1926 verstorbenen Kammersängers Josef Schwarz auf dem Jüdischen Friedhof in Weißensee. Die Inschrift aus Psalm 90, 2 sollte für manche seiner Glaubensbrüder wörtliche Bedeutung erlangen: Das Mausoleum in Abteilung A 6 diente verfolgten Juden in den Zeiten des Holocaust als heimlicher Zufluchtsort vor der Gestapo. Ein Dachboden über der tempelartigen Erbbegräbnisstätte des einstmals gefeierten Berliner Opernbaritons bot sich als relativ sicheres Versteck an. Man konnte von unten durch eine quadratische Öffnung einsteigen und sich, wie es Rabbiner Martin Riesenburger später beschrieb, rechts oder links in dem flachen Hohlraum ein Nachtlager suchen. Hier verkriechen sich auch zwei Illegale in „Die Bilder des Zeugen Schattmann", Peter Edels Roman über das Schicksal einiger jener 1400 Berliner Juden, die das Kriegsende im Untergrund oder mit falschen Papieren als sogenannte „U-Boote" überlebten. Andere Verfolgte, die in dem steinernen Dikkicht von fast 120 000 Gräbern Zuflucht suchten, zogen ein Nachtquartier unter der Erdoberfläche vor. Sie versteckten sich in ausgehobenen Gräbern oder unter Grabplatten.

Welthauptstadt „Germania“, Schöneberg, Kolonnenbrücke

Weg bekommt man ihn nicht mehr, den obskuren Betonpilz. Grau, abweisend und klobig, gehört er zu den wenigen Relikten der versunkenen Welthauptstadt „Germania“. Unter diesem Namen wollte Hitler Berlin unter Abriß ganzer Stadtviertel bis 1950 zum Machtzentrum eines großgermanischen Weltreiches umgestalten. Um die Tragfähigkeit des Bodens für die schon im Modell vorhandenen nazistischen Kolossalbauten zu testen, ließ sein Lieblingsarchitekt Albert Speer 1941 aus 12 000 t Beton einen „Großbelastungskörper“ südöstlich der Kolonnenbrücke errichten. Wären die größenwahnsinnigen Planungen jemals verwirklicht worden, so stünde jetzt hier ein Siegestor, das mit 117 m Höhe und 170 m Breite den Pariser Arc de Triomphe um das Doppelte überflügelt hätte. Jedoch, es hätte sich immer noch bescheiden gegenüber der Gigantomanie einer 300 m hohen Kuppelhalle ausgenommen, die weiter nördlich am Spreebogen 180 000 Personen fassen sollte. Mit dem Bankrott des „Tausendjährigen Reiches“ ging auch das erst in Fragmenten sichtbare „Germania“ unter — bis auf jenen häßlichen Betonkloben, der als aktuelles Mahnmal gegen jede Art politischen Größenwahns in Deutschland an der General-Pape-Straße stehengeblieben ist.

„Wildes KZ", Tempelhof, General-Pape-Straße 6—68

Kaum hatte Adolf Hitler die Regierungsgewalt übernommen, da wurden die SS und SA zur Hilfspolizei erklärt und bewaffnet. Hauptsächlich aus Beschäftigungslosen bestehend, zum Teil kriminell infiltriert, nahmen die braununiformierten Sturmabteilungen der NSDAP nun hemmungslos Rache. Bei einer illegalen Verhaftungswelle verschleppten sie als selbsternannte Herrenmenschen über Leben und Tod Tausende von NS-Gegnern, hauptsächlich Sozialdemokraten, Kommunisten und Gewerkschafter, in „wilde Konzentrationslager". Zu den berüchtigsten Adressen in Berlin gehörten neben dem (nicht mehr existierenden) Tempelhofer Columbiahaus und einem Sturmlokal in der Hedemannstraße die SA-Kasernen an der General-Pape-Straße. In dem Backsteinkomplex, der heute von Gewerbebetrieben und dem Bundesgesundheitsamt genutzt wird, wurden von Februar bis Dezember 1933 Hunderte von sogenannten Schutzhäftlingen brutal verhört, gefoltert und — von Kirchenmusik übertönt — in den Kellern zu Tode geprügelt, unter ihnen Max Bilecki, Führer der Roten Frontkämpfer auf der nahe gelegenen Schöneberger Insel. An der Ecke Werner-Voß-Damm erinnert heute eine Gedenktafel an die Opfer des frühen Nazi-Terrors. Die Angehörigen der Verschollenen erhielten häufig nur noch deren Asche zugesandt.

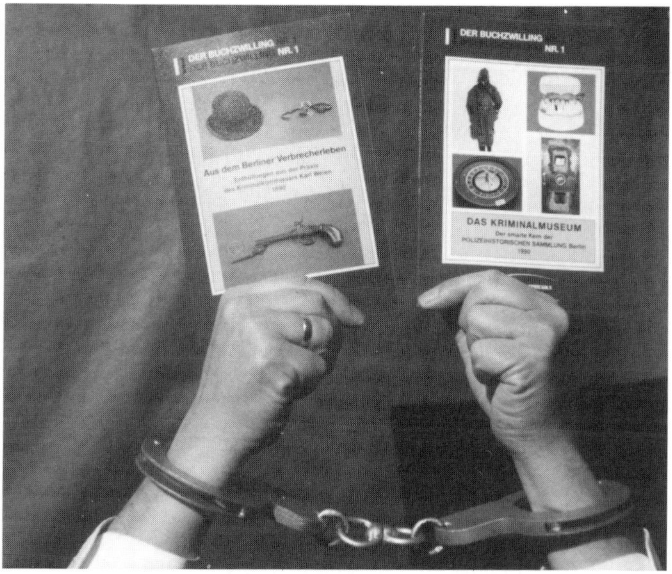

DER BUCHZWILLING NR. 1

Das Kriminalmuseum Berlin 1990
&
Aus dem Berliner Verbrecherleben 1890

140 Seiten, 80 erstveröffentlichte Polizeifotos, nur mit der Schere zu öffenender Sonderteil, im Kripojargon »Das Gruselkabinett« genannt, gedruckt auf säurefreiem (alterungsbeständigem) Papier, ISBN 3-926578-22-X, DM 19,80. Geschildert und abgebildet werden 100 Jahre deutsche Kriminalgeschichte, die DAS KRIMINALMUSEUM BERLIN, »der smarte Kern der POLIZEIHISTORISCHEN SAMMLUNG«, beherbergt. In diesem KRIMI OHNE ROMAN (Untertitel) sind u. a. zu finden: Der 23fache Frauenmörder, das 250pfündige Krimigenie Ernst Gennat, der »doofe Bruno« = der größte Massenmörder der Kriminalgeschichte, das erste Verbrecheralbum, die berühmten Leichensuchhunde Blanka und Harro, der Spazierstock Modell »schöner killen«, die Sexkamera, das Pistolenimitat aus Seife, die Weltpremiere der Fernsehfahndung von 1938, Geldfälschergrößen, Schränkerkönige, Kidnapper, Haussprenger, Sonntagsmörder und Ringvereinsbrüder.
Diesem Buch wird neugesetzt beigegeben: Die erste Fachpublikation über die Unterwelt der Hauptstadt, die 1980 erschienen ist und ein Bestseller war: AUS DEM BERLINER VERBRECHERLEBEN – »Enthüllungen aus der Praxis des Criminalcommissars Karl Weien«.